Stuttgarter Aktien-Club

Alles über Aktien

Der Ratgeber für Einsteiger

Ullstein

Ullstein Buchverlage GmbH,
Berlin
Taschenbuchnummer: 35698

Originalausgabe
2. überarbeitete Auflage Oktober 1997

Umschlaggestaltung:
P & K Werbeagentur, Esslingen

Printed in Germany 1997
Gesamtherstellung:
Ebner Ulm
ISBN 3 548 35698 2

Gedruckt auf alterungs-
beständigem Papier mit
chlorfrei gebleichtem Zellstoff

Die Deutsche Bibliothek –
CIP-Einheitsaufnahme

Alles über Aktien. Der Ratgeber für Einsteiger /
Stuttgarter Aktien-Club. – Orig.-Ausg. –, 2. Aufl.
Berlin: Ullstein, 1997
(Ullstein-Buch ; 35698)
ISBN 3-548-35698-2
NE: Stuttgarter Aktien-Club; GT

Inhalt

Teil I: Basis

Keine Angst vor Aktien 9
Aktien sind Unternehmensanteile 11
Warum kann man als Privatanleger an der Börse keine Aktien kaufen? 12
Wer kann eigentlich Börsenmakler werden? 13
Von wem kommen an der Börse die meisten Aufträge? 14
Was ist vorteilhafter: Hausbank oder Discountbank? 15
Aktie ist nicht gleich Aktie 18
Haben Sie Probleme beim Lesen des Kursteils? 23
Warum gibt es im Kursteil verschiedene Abteilungen? 24
Was hat es mit den Regionalbörsen auf sich? 30
Wo findet man die Kurse ausländischer Aktien? 31
Was bedeuten die Zusätze hinter dem Aktienkurs? 32
Börsensprache 34

Der Weg an die Börse 35

Wie erteilt man einen Kauf- oder Verkaufsauftrag? 37

Jedem sein Index: DAX, Dow und Nikkei 39

Die Börse im Computerzeitalter 46

Die Hauptversammlung 47

Nicht zu vergessen: die Dividende 49

Der Aktionär und das Finanzamt 51

Wo erhalte ich Börseninformationen? 52

Teil II: Aktienanalyse

Warum Kurse steigen oder fallen 55
Politik 56
Zinsen 57
Liquidität 58
Konjunktur 59
Börsengewinne: Zufall oder Können 61
Die Fundamentalanalyse 61
Die Chartanalyse 64

Drei große Gruppen von Aktien 66
1. Spekulative Aktien 66
2. Zyklische Aktien 68
3. Wachstumsaktien 70

Was ist nun eine Wachstumsaktie? 73

Was sagt uns das Kurs-Gewinn-Verhältnis? 76

Teil III: Strategie

Start der Börsenkarriere 81
Keine Angst vor Auslandsaktien! 83
Das Währungsrisiko bei Auslandsaktien 85
Was Anfänger (und Profis) oft falsch machen 87
Wie Sie jede Aktie mit Gewinn verkaufen! 90
Wie setzt sich ein erfolgreiches
Aktiendepot zusammen? 92
Neue Aktien braucht das Land 94
Gewinne mit neuen Aktien:
Mehr Glück als Können 96
Kann man bei Neuemissionen
die Spreu vom Weizen trennen? 97
Neue Aktien im Vergleichstest 100
Die zukünftigen Börsenkandidaten 108
Warum Sie »Turn-Around«-Aktien
meiden sollten 115
Standardaktien oder Nebenwerte? 119
Go East: Die Ostbörsen kommen 123
Penny-Stocks: Alles oder nichts 126
Sind Goldaktien noch
eine Anlage-Alternative? 129
Sind Investmentfonds
eine Alternative zur Aktie? 131
Optionsscheine: Reichmacher oder
Verlustbringer? 135

Teil IV: Anhang

Börsenspiele kommen groß in Mode 151

Welche Auswirkungen hat der Euro für Aktionäre? 154

Die wichtigsten Fragen zum Euro – und die Antworten ... 155

Die Top Ten: Zehn der weltweit besten Aktien 161

Wo kauft man am besten Auslandsaktien? 169

Börse und Computer: Gewinn auf Knopfdruck? 173

Kleines Börsen-ABC 180

Gutschein 191

Teil I: Basis

Keine Angst vor Aktien

»Amerika, du hast es besser!« – Im Land der unbegrenzten Möglichkeiten ist in puncto Börse und Aktienanlage einiges anders. Fast jeder Amerikaner kennt sich an der Börse aus. Ganz gleich, ob Tellerwäscher, Hausfrau, Student oder Rechtsanwalt: Die meisten von ihnen haben schon mal Geld mit Aktien verdient oder auch verloren. In allen Gesellschaftsschichten ist die Aktie vertreten. In den USA gilt eine Aktienanlage als Altersvorsorge, der Blick in den Wirtschaftsteil der Zeitung ist fester Bestandteil des Tagesablaufs.

In Deutschland hingegen hat die Aktie trotz des Erfolgs der Telecom immer noch einen schweren Stand. Sie kämpft gegen ihr schlechtes Image. Nichts schätzen die Deutschen mehr als Sicherheit, also wandern die meisten Spargroschen brav zur Bank oder Sparkasse. Wir Deutschen sind Weltmeister im Sparen. Bei der echten, effizienten Geldanlage, die wirklich etwas abwirft, belegen wir jedoch die hintersten Ränge. In den Köpfen vieler (potentieller) Anleger spuken leider immer noch die wildesten Gedanken: Börse – das ist die Welt der Zocker, auf keinen Fall aber ein Ort für ehrliche Leute. Klischee oder Wirklichkeit?

Dabei ist die Börse purer Alltag: manchmal trist

und langweilig, manchmal hektisch und spannend; nichts anderes als ein großer Markt. Statt Gemüse bieten die Händler eben Unternehmensanteile, also Aktien, an. Auch hier bestimmen Angebot und Nachfrage den Preis, nur wechseln im Unterschied zum Gemüsemarkt nicht Pfennige den Besitzer, sondern Millionen und Milliarden.

Sicher, Anleger müssen gute Nerven haben, wenn sie in Aktien investieren. Ihre Kurse schwanken oft viel heftiger als die der Anleihen, und natürlich ist es auch möglich, daß eine Sparbuchanlage in einem Jahr 4 Prozent abwirft, während die Aktien im selben Jahr um 10 Prozent oder noch mehr fallen.

Wer aber beispielsweise fürs Alter vorsorgt, denkt ohnehin langfristig und braucht nicht jeden Tag nervös auf den Kurszettel zu blicken. Das bekannteste Zitat in diesem Zusammenhang kommt von André Kostolany, für viele *der* »Börsenguru«: »Kaufen Sie Aktien, nehmen Sie Schlaftabletten, und schauen Sie die Papiere nicht mehr an. Nach vielen Jahren werden Sie sehen: Sie sind reich!«

Auf den ersten Blick scheint es unglaublich, daß die hochkomplizierte Börsenwelt so einfach funktionieren soll. Deshalb will Ihnen dieses Buch die Börse ein Stückchen näher bringen. Bei der immer unsicherer werdenden gesetzlichen Altersversorgung wird gerade die private Vermögensplanung immer wichtiger. Wer seine finanzielle Zukunft selbst in die Hand nehmen will, kommt an der Aktie nicht vorbei. Er muß kein Profi sein. Jeder kann an der Börse Erfolg haben – vorausgesetzt, er kennt sich aus und macht seine Hausaufgaben.

Wenn Sie dieses Buch aufmerksam gelesen haben, dann können Sie im Bekannten- oder Freundeskreis stolz verkünden: »Ich verkaufe jede Aktie nur noch mit Gewinn!«

Aktien sind Unternehmensanteile

Aktiengesellschaften entstanden aus dem simpelsten Grund, den man sich vorstellen kann, nämlich aus Geldmangel, und nur deshalb werden Aktien beziehungsweise Unternehmensanteile ausgegeben.

Der Besitzer einer Aktie, in der Börsensprache Inhaber genannt, ist Miteigentümer am Gesamtvermögen einer Aktiengesellschaft. Ab dem ersten Tag, an dem man Aktien eines Unternehmens erwirbt, ist man auf Gedeih und Verderb mit diesem verbunden.

Gehen die Geschäfte des Unternehmens gut, wird der Wert der Aktie steigen. In der Praxis sieht das so aus: Mehr und mehr Anleger wollen Aktien eines derart florierenden Unternehmens haben, jeder will an der guten Geschäftsentwicklung verdienen. Immer weniger Inhaber werden jedoch bereit sein, ihre Anteile beziehungsweise Aktien zu verkaufen, das heißt, große Nachfrage und geringes Angebot führen zu steigenden Kursen.

Natürlich geht es auch anders: Die Produkte eines Unternehmens verkaufen sich schlecht, die Produktionskosten nehmen zu, im Management wurden Fehler gemacht. Die Folge: Aktieninhaber wollen verkaufen. Das Angebot nimmt also deutlich zu, der Kurs der Aktie fällt. Der fallende Kurs löst eine Art Kettenreaktion aus: Noch mehr Inhaber wollen ihre Papiere verkaufen. Der Kurs fällt weiter, und zwar so lange, bis einige wieder bereit sind, erneut zu kaufen. Großes Angebot und geringe Nachfrage führen also zu fallenden Kursen.

Warum kann man als Privatanleger an der Börse keine Aktien kaufen?

Aktien werden an der Börse gehandelt. Das bedeutet aber nicht, daß man einfach hingehen und sie sich kaufen kann. Zum Börsenhandel ist nicht jedermann zugelassen. Börsenmakler nehmen die Kauf- und Verkaufs-Aufträge von Kunden entgegen. Kunden der Börsenmakler sind jedoch nicht die Privatanleger, sondern die Banken.

Einen Kaufauftrag können Sie deshalb nicht direkt dem Börsenmakler erteilen, sondern Sie müssen diesen über Ihre Bank erteilen. Der Grund für diesen Umweg ist einfach: Der Börsenmakler hat keine Möglichkeit, zu prüfen, ob Sie auch in der Lage sind, beispielsweise 1000 Stück Aktien von Daimler-Benz, die Sie telefonisch bestellt haben, auch zu bezahlen. Deshalb erteilen Sie den Kaufauftrag Ihrer Bank. Wenn der Bankberater der Ansicht ist, daß die Kaufpreiszahlung gesichert ist, gibt er den Auftrag an den zuständigen Börsenmakler weiter, der dann an der Börse die gewünschten Aktien erwirbt.

Genauso läuft es beim Verkauf. Auch in diesem Fall rufen Sie Ihren Bankberater an und geben den Verkaufsauftrag. Dieser leitet den Auftrag dann an den Börsenmakler weiter, der die gewünschten Aktien verkauft und den Erlös Ihrer Bank überweist.

Wer kann eigentlich Börsenmakler werden?

An der Börse unterscheidet man zwischen amtlichen und freien Maklern. Für Sie als Privatanleger ist dies völlig unbedeutend, weil Sie ohnehin nur Kontakt mit Ihrer Hausbank haben. Dennoch sollte man als Aktionär die wichtigsten Zusammenhänge kennen.

Der Staat hat ein Interesse daran, daß die Börsenkurse reell und zuverlässig ermittelt werden, und beauftragt damit amtliche Kursmakler. Da unsere acht Wertpapierbörsen (Berlin, Bremen, Düsseldorf, Frankfurt, Hamburg, Hannover, München und Stuttgart) in verschiedenen Bundesländern liegen, werden die amtlichen Makler von der jeweils zuständigen Landesregierung vereidigt. Darüber hinaus kann der Vorstand einer Wertpapierbörse zusätzliche freie Makler zum Wertpapierhandel zulassen.

Die Börsenmakler leben ausschließlich von der Provision aus den Aktiengeschäften. Teilweise sind sie auch Angestellte der jeweiligen Banken. Liegen keine Aufträge vor, sind die Makler arbeitslos. Wer an umsatzschwachen Tagen einmal die Börse besucht, wird das bestätigen. Die Makler stehen herum und langweilen sich. Dennoch müssen sie die Stellung halten, schließlich kann sich die Situation stündlich ändern.

Ganz anders in Zeiten der Hausse. In solchen Zeiten will jeder Aktien haben, die Makler können sich vor Aufträgen kaum retten. Die Börse schwappt über, es herrscht unvorstellbare Hektik. Wer den Handel nicht kennt und zum ersten Mal von der Besuchergalerie aus zusieht, hat den Eindruck, einen Haufen »Verrückter« vor sich zu haben, was man niemandem verübeln kann, der das Geschrei und die Zeichensprache nicht zu deuten weiß.

Von wem kommen an der Börse die meisten Aufträge?

Das wichtigste an der Börse sind die Auftraggeber. Obwohl sie nicht vor Ort sind, nennt man sie dennoch in der Fachsprache das Börsenpublikum. Man muß auch hier wieder zwischen professionellen und privaten Auftraggebern unterscheiden.

Professionelle Auftraggeber sind vor allem Investmentfonds, Lebensversicherungen, Rentenfonds, die für die laufend eingehenden Gelder Aktien kaufen. Zu den professionellen Börsenteilnehmern gehören aber auch viele Banken, die im eigenen Namen und für eigene Rechnung Aktien kaufen.

Hinter den privaten Anlegern verbergen sich ganz normale Menschen, die aus allen Schichten der Gesellschaft kommen: Studenten, Angestellte, Hausfrauen, Arbeiter oder Rentner. Sie alle sind an der Börse vertreten. Das soll aber nicht darüber hinwegtäuschen, daß es in Deutschland noch viel zuwenig Aktionäre gibt.

In Deutschland besitzen, statistisch gesehen, von hundert erwachsenen Bürgern gerade mal sechs Personen Aktien. Bedenkt man, daß Aktien langfristig alle anderen Anlageformen schlagen, ist das eine traurige Statistik. Die restlichen 95 Prozent investieren ihre Groschen leider immer noch lieber in Bausparverträge, in Lebensversicherungen oder Festgeldanlagen.

Was ist vorteilhafter: Hausbank oder Discountbank?

Wer als Neuling erstmals Aktien erwirbt, überlegt sich, bei welcher Bank er diese kaufen bzw. wo er sein »Depotkonto« eröffnen soll. Hierbei gibt es mehrere Möglichkeiten:

1. Die Hausbank

Der Weg über die Hausbank ist der einfachste. Schließlich besitzen Sie dort bereits Ihr Girokonto, das heißt, der Kaufpreis für die neuen Aktien wird einfach von diesem bereits vorhandenen Girokonto abgebucht. Da Sie bei der Hausbank bekannt sind, ist auch eine kurzfristige Kontoüberziehung problemlos möglich. Dies kann zum Beispiel dann der Fall sein, wenn Sie Ihre Aktien einmal umschichten.

Es gibt ein weiteres wichtiges Argument, das Depotkonto bei der Hausbank zu eröffnen. Wenn Sie einmal einen größeren Kredit brauchen, sei es für ein Auto oder einen Hauskauf oder Hausausbau, dann stellt das Depot bei Ihrer Hausbank eine zusätzliche Sicherheit dar. Das heißt, eine Kreditaufnahme ist einfacher, als wenn Sie erst noch Unterlagen über andere Bankguthaben beibringen müssen.

2. Die Discountbank

Discountbanken schießen zur Zeit wie Pilze aus dem Boden. Der Vorteil ist bereits aus dem Namen ersichtlich und liegt auf der Hand. Discountbanken wickeln die Kauf- und Verkaufsaufträge zu niedrigeren Gebühren ab als Ihre Hausbank. Lohnt es sich, deshalb ein zusätzliches Konto einzurichten?

Dazu muß man sich zunächst einmal ansehen,

was denn der Kauf und Verkauf von Aktien überhaupt kostet. Die Hausbank berechnet üblicherweise für den Kauf und Verkauf jeweils rund ein Prozent Gebühren. Bei einem Auftrag über 10 000 DM sind das somit rund 100 DM. Beim Discounter kostet derselbe Auftrag rund die Hälfte, etwa 0,5 Prozent. Bei einem 10 000-DM-Auftag also 50 DM.

Und nun ist die Rechnung einfach: Wer häufig Aktien kauft und verkauft, für den ist ein Depotkonto beim Discounter lohnend. Andererseits muß an dieser Stelle auch darauf hingewiesen werden, daß die Hausbank dem »guten Kunden« mit hohen Wertpapierumsätzen längst auch Gebührenrabatte einräumt.

Bevor Sie deshalb ein zusätzliches Konto bei einer Discountbank eröffnen, sollten Sie einmal mit Ihrer Hausbank sprechen, ob diese Ihnen auch einen Gebührenrabatt einräumt.

Wer Aktien jedoch nicht zur Spekulation, sondern zur Vermögensanlage erwirbt, der kann sich häufiges Kaufen und Verkaufen sparen, und für einen solchen Anleger ist eine Discountbank kein großes Thema. Schauen Sie sich hierzu einmal an, welchen Wertzuwachs ein langfristiger Anleger mit Kaufen und Halten erzielt hat:

Wer im Jahr 1950 für 10000 DM in Aktien großer Unternehmen investierte, der besitzt heute ohne weiteres Zutun ein Vermögen von weit über einer Million Mark, womit sich die Frage 1 Prozent oder 0,5 Prozent Gebühren von selbst erledigt.

Aktie ist nicht gleich Aktie

Wenn Sie den Kursteil Ihrer Tageszeitung aufschlagen, dann werden Sie feststellen, daß es von derselben Firma oft verschiedene Aktiengattungen gibt. Hier die wichtigsten Unterschiede:

Stammaktien

In einigen Börsenbüchern werden sie als gewöhnliche oder normale Aktien bezeichnet. Wer Stammaktien kauft, besitzt einen Unternehmensanteil, mit dem er auch die jährliche Hauptversammlung besuchen darf. Er darf dort mit abstimmen, vor allem wenn es um die Wahl eines neuen Vorstandes geht.

Vorzugsaktien

Wie der Name schon sagt, wird dem Besitzer solcher Aktien ein Vorzug gegenüber dem Stammaktionär eingeräumt. Im Kursteil der Zeitung sind Vorzugsaktien meist mit einem »Vz« gekennzeichnet. Der »Vorzug der Vorzüge« besteht meist in einer höheren Dividende, dafür hat der Vorzugsaktionär jedoch kein Stimmrecht bei der Hauptversammlung.

Unternehmen, die Vorzugsaktien verkaufen, haben meist nur Interesse daran, mit dem Verkauf viel Geld in die Kasse zu bekommen, dem Aktionär aber kein Mitspracherecht zu geben. Dies ist vor allem wichtig, wenn es um die Wahl des Aufsichtsrates und damit auch um den Vorstandsposten geht.

Als Kleinanleger werden Sie sich jetzt sicher sagen, daß Ihnen diese Vor- und Nachteile ziemlich gleichgültig sind, weil Sie ohnehin nur ein paar Aktien besitzen und deshalb mit dem Stimmrecht nicht viel anfangen können. Außerdem haben Sie vielleicht auch gar keine Zeit, jedes Jahr die Hauptversammlung zu besuchen.

Den erhebliche Nachteil stimmrechtsloser Vorzugsaktien bemerken Sie auch als Kleinanleger vor allem dann, wenn um dieses Unternehmen eine sogenannte Übernahmeschlacht tobt. Mit Entsetzen registrieren Sie dann, wie der Kurs der Stammaktie endlos nach oben klettert, während sich für seine Vorzüge kaum jemand interessiert. Bei der Übernahme geht es um die Macht im Unternehmen, also sind nur Aktien mit Stimmrecht begehrt.

Gerade die kleinen und mittleren Aktiengesellschaften sind solchen Attacken hin und wieder ausgesetzt. Wohl dem, der dann die richtigen Papiere besitzt. Aus diesem Grunde der Rat auch für den Privatanleger: Im Zweifelsfall lieber die Stammaktien kaufen.

Belegschaftsaktien

Obwohl diese Art von Aktien an der Börse nicht gehandelt wird, will ich dennoch auch kurz darauf eingehen. Immer mehr Aktiengesellschaften beteiligen ihre Mitarbeiter am Gewinn. Aus diesem Grund werden Belegschaftsaktien ausgegeben. Der Mitarbeiter kann eine bestimmte Stückzahl an Aktien von seinem Arbeitgeber zu einem Sonderpreis kaufen. Damit er diese Aktien nicht gleich wieder verkauft, sind diese mit einer Sperrfrist versehen, die in der Regel sechs Jahre läuft. In dieser Zeit kann der Mitarbeiter die Aktie nicht verkaufen. Dies ist auch gut so, schließlich geht es dem Unternehmen nicht darum, daß der Mitarbeiter eine »schnelle Mark« macht, sondern daß er stärker an »sein« Unternehmen gebunden ist.

Da der Kaufpreis von Belegschaftsaktien meist deutlich unter dem aktuellen Aktienkurs liegt, sollten Sie das Angebot auf jeden Fall annehmen. Eine Ausnahme ist nur, wenn Sie den Eindruck haben, daß es mit »Ihrer« Firma langsam, aber sicher abwärts geht. Dann hilft Ihnen auch ein Sonderpreis nichts, weil die Originalaktie über die Börse dann früher oder später noch billiger zu kaufen ist.

Nach diesem ersten Grundkurs wissen sie jetzt bereits, daß Aktien in erster Linie keine Spekulation, sondern eine Unternehmensbeteiligung sind. Sie wissen, daß man Aktien ganz normal über die Hausbank oder eine Discountbank kauft und daß diese wiederum die Aktien nicht aus dem Tresor holt, sondern an der Börse über den Börsenmakler kauft.

Weiterhin wissen Sie inzwischen, daß es Stammaktien, Vorzugsaktien und Belegschaftsaktien gibt. Diese Grundlage würde jetzt bereits ausreichen, die ersten Aktiengeschäfte zu tätigen.

Da ich weiß, daß gerade die Leser eines solchen Ratgebers etwas gründlichere Informationen wünschen, will ich noch ein paar zusätzliche Aktienbezeichnungen erläutern, die häufig für Verwirrung sorgen.

Inhaberaktien oder Namensaktien

Bei diesen Begriffen handelt es sich um keine weitere Aktiengattung wie bei den bereits beschriebenen Stamm- oder Vorzugsaktien. Als Inhaberaktien bezeichnet man alle Aktien, die demjenigen gehören, der sie besitzt. Inhaberaktien können also jederzeit an jedermann weiterverkauft, weitergegeben oder weiterverschenkt werden. Dabei spielt es keine Rolle, ob es Stamm- oder Vorzugsaktien sind.

Wer eine Inhaberaktie in Händen hält, ist Besitzer und Eigentümer zugleich. Deswegen gehören Aktien nicht unters Kopfkissen, sondern ins Depot bei der Bank. Werden nämlich Inhaberaktien gestohlen, kann sich der Dieb munter als

Aktionär bezeichnen. Für den Börsenhandel sind Inhaberaktien wie geschaffen, denn ohne großen Aufwand sind sie leicht übertragbar. Bis auf ganz wenige Ausnahmen werden von allen Aktiengesellschaften weltweit nur Inhaberaktien ausgegeben.

Namensaktien sind das Gegenstück zur Inhaberaktie und, wie schon gesagt, relativ selten. Namensaktien sind auf den Namen des aktuellen Besitzers ausgestellt. Der Name mit Adresse und Beruf wird im Aktienregister des Unternehmens eingetragen. Der Börsenhandel wird dadurch natürlich komplizierter. Deshalb sind Namensaktien nur sehr selten anzutreffen. Der Grund, warum es Namensaktien überhaupt gibt, liegt darin, daß das Unternehmen wissen will, in wessen Händen sich seine Aktien befinden.

Junge Aktien

Wenn wir schon bei diesem Thema sind, dann wollen wir es auch gründlich darstellen. Ab und zu finden Sie im Kursteil Ihrer Tageszeitung unter der gleichen Gesellschaft den Kurs der »normalen« Aktie und zusätzlich einen Kurs für eine sogenannte »Junge Aktie«. Was hat das zu bedeuten?

Wenn eine bereits bestehende Aktiengesellschaft zusätzliche neue Aktien verkauft, um mehr Geld in die Gesellschaft hereinzubekommen, werden diese Aktien im ersten Jahr als

»Junge Aktien« bezeichnet. Der Unterschied zwischen alten und jungen Aktien besteht vor allem in der Dividende. Die Besitzer von jungen Aktien erhalten im ersten Jahr oft keine Dividende. Deshalb sind die Kurse junger Aktien meist etwas niedriger. Ihren besonderen Status verlieren sie ab dem ersten Dividendentermin. Dann werden aus den »Jungen Aktien« normale Aktien mit derselben Dividende und damit auch demselben Aktienkurs.

Haben Sie Probleme beim Lesen des Kursteils?

Sobald Sie sich das erste Mal in Ihrem Leben für einen Aktienkauf entschieden haben, gilt künftig der erste Blick in der Tageszeitung nicht mehr der Politik, auch nicht dem Sport und schon gar nicht den Todesanzeigen, sondern dem Börsenteil. Das ist für die meisten Aktionäre jeden Morgen die erste und wichtigste Tätigkeit. Börsianer erkennen Sie mit einem Blick im Zug, in der Straßenbahn, im Flugzeug oder im Café.

Dem Profi genügt ein kurzer Blick, der Laie verzweifelt, denn für ihn ist der Kursteil der Tageszeitung oft ein Buch mit sieben Siegeln. Guter Wille allein genügt nicht, um die Börsensprache zu entschlüsseln. Kennt man aber die wichtigsten Begriffe, ist dennoch schnell Ordnung in das Zahlengewirr gebracht.

Warum gibt es im Kursteil verschiedene Abteilungen?

Wenn Sie den Kursteil Ihrer Zeitung aufschlagen, dann finden Sie dort die Aktien in verschiedene Rubriken unterteilt. Doch damit noch nicht genug. Jede Tageszeitung teilt die Kursveröffentlichung nach eigenem Muster ein. Wer deshalb in der Stuttgarter Zeitung »seine« Aktien schnell findet, hat bei der Suche in der *FAZ*, der *Welt*, der *Süddeutschen Zeitung* oder dem *Handelsblatt* seine Probleme.

Aber damit noch nicht genug. Wochen- oder Monatszeitschriften wie die *Wirtschaftswoche*, die *Welt am Sonntag*, *Börse Online*, *Effektenspiegel*, *Wertpapier* oder *Finanzen* verwenden jeweils eine hauseigene Einteilung.

Ich will deshalb am Beispiel des *Handelsblatts* die Unterschiede zwischen den verschiedenen Rubriken deutlich machen und dem Leser eine kleine Hilfestellung geben. Obwohl es tatsächlich handfeste Gründe für diese kompliziert zu lesenden Rubriken gibt, so gibt es genausoviel Gründe, die dafür sprechen, sämtliche in Deutschland gehandelten Aktien einfach alphabetisch in einer einzigen Tabelle zu veröffentlichen.

Wenn dies bisher nicht möglich war, so liegt dies unter anderem daran, daß die Zeitungen auf die Kursübermittlung durch die Börsen angewiesen sind, und von dort werden die Kurse innerhalb ihrer Gruppe übermittelt.

Ein weiterer Grund ist, daß man verständlicherweise nicht jeden hochspekulativen Miniwert mit sporadischen Umsätzen in die gleiche Tabelle aufnehmen will, in der die erstklassigen Unternehmen gehandelt werden. Damit würde man manchen Nebenwert psychologisch zu sehr aufwerten.

Doch nun zu den einzelnen Rubriken im *Handelsblatt*:

Die DAX-Werte

Viele Zeitungen, darunter auch das *Handelsblatt*, widmen den DAX-Werten eine Extrarubrik. Zu den DAX-Werten gehören die 30 wichtigsten Unternehmen Deutschlands. Wenn Sie also einen DAX-Wert wie beispielsweise Siemens im Depot besitzen, dann werden Sie diesen Aktienkurs vergeblich in der langen Aufzählung deutscher Aktien finden, sondern meist in der Rubrik DAX-Werte.

Die M-DAX-Werte

Damit die Suche nach dem aktuellen Aktienkurs auch möglichst spannend bleibt, gibt es in Deutschlands größter Finanzzeitung eine Spalte mit M-DAX-Werten. Was ist darunter zu verstehen?

Die Gruppe der M-DAX-Werte besteht aus 70

bedeutenden Aktiengesellschaften, die jedoch nicht mehr in die Gruppe der 30 DAX-Werte gehören. Dies sind so bekannte Namen wie Beiersdorf, Bilfinger & Berger, Escada, Fielmann, Fresenius, Kampa-Haus, Metallgesellschaft, Südzucker oder Wella. Wenn Sie also eine Aktie besitzen, die zu den M-DAX-Werten gehört, dann werden Sie in dieser Rubrik den Kurs finden.

Sollten Ihre Aktie auch in dieser Gruppe nicht gelistet sein, dann gilt es, sich der nächsten Rubrik zu widmen.

Fortlaufende Notierungen

In der dritten Abteilung im Kursteil des *Handelsblatts* werden Aktienkurse mit einer sogenannten »Fortlaufenden Notierung« aufgeführt. Was versteht man darunter?

Wie der Name schon sagt, handelt es sich dabei um Gesellschaften, deren Aktien während des Börsenhandels »fortlaufend« gehandelt werden. Für diese Aktien wird somit nicht nur einmal am Tag ein Kurs ausgehandelt, sondern der Kurs dieser Aktien kann sich während der Börsenzeit je nach Angebot und Nachfrage fortlaufend verändern.

Voraussetzung, daß eine Aktie in diese »amtliche« Abteilung an der Börse aufgenommen wird, ist natürlich, daß ein entsprechend großer Umsatz zustande kommt. Wenn zuwenig Käufer bzw. Verkäufer für ein bestimmtes Papier vorhanden sind, dann macht es keinen Sinn, den Aktienkurs »fortlaufend« zu ermitteln. Deshalb können Sie davon ausgehen, daß bei Aktien in dieser Rubrik an der Börse reges Interesse besteht.

Welche Aktien fallen in diese Rubrik? Alno-Küchen, Berliner Elektro, DLW, Heidelberger Zement, Henkel, Metro, Rosenthal, Stollwerck, Weru oder Zanders. Insgesamt dürften es rund 300 Aktien sein, die in dieser Abteilung gelistet werden.

Kassakurse

Die vierte Rubrik im Börsenteil ist – zumindest im Handelsblatt – den »Kassakursen« gewidmet. Was ist darunter zu verstehen? Bei den Aktien dieser Gruppe handelt es sich um eine logische Fortsetzung der zuvor beschriebenen dritten Gruppe.

Während bei den Aktien mit »fortlaufenden Notierungen« der Kurs laufend festgesetzt wird, erfolgt im Kassahandel die Kursfestsetzung nur einmal am Tag. Daraus werden Sie bereits zu Recht folgern, daß es sich hierbei um Aktien handelt, die üblicherweise nur geringe Umsätze haben. Dies ist auch völlig zutreffend.

Schauen wir uns deshalb einmal an, welche Namen wir in der Rubrik »Kassakurse« finden: Allweiler-Pumpen, Biotest, Calwer Decken, Dahlbusch, Flender, Hymer-Wohnwagen, Moenus, Progress, Reichelt, Jil Sander, WMF, Ymos usw.

In dieser Abteilung finden wir erstmals auch sehr viele Aktien, bei denen an manchen Tagen überhaupt kein Umsatz zustande kam. Es gab entweder nur Käufer, aber keine Verkäufer, oder es gab Verkäufer und keine Käufer, oder es gab weder Käufer noch Verkäufer.

Geregelter Markt

Auch wenn Sie es als Neuling kaum verstehen werden, aber es gibt noch weitere Abteilungen an der Börse. Wenn Sie Ihre Aktie bisher weder in der Rubrik »DAX« noch unter »M-DAX«, »Fortlaufende Notierungen« oder »Kassakurse« gefunden haben, dann setzen Sie jetzt die Suche einfach fort in der nächsten Rubrik, dem »Geregelten Markt«.

Hier finden wir Aktiengesellschaften, die geringere Voraussetzungen zur Börsenzulassung erfüllen müssen als im sogenannten »Amtlichen Handel«. Dies heißt nicht, daß es sich um »Miniunternehmen« handeln muß. Im Gegenteil: Sie werden manche bekannte Firma darunter finden wie beispielsweise Hapag-Lloyd, Oppermann-Werbeartikel usw. Aufgrund besonderer Eigentumsverhältnisse (Großaktionär o. ä.) werden an manchen Tagen nur wenige Aktien gehandelt, so daß die Aufnahme in eine andere Börsen-Abteilung keinen Sinn macht.

Freiverkehr

Unter dieser Rubrik findet man vor allem die Aktienkurse von fast unzähligen Aktien mit keinen oder nur sehr geringen Umsätzen. Im Freiverkehr werden auch die meisten ausländischen Aktien auf DM-Basis gehandelt. Insgesamt umfaßt die Rubrik Freiverkehr im *Handelsblatt* rund 2000 Aktien. Die Aufnahme einer Aktie in den Freiverkehr und auch die spätere Kauf- und Verkaufsabwicklung unterliegt nicht so strengen Vorschriften wie im amtlichen Handel.

Neuer Markt

Die Abteilung »Neuer Markt« wurde erstmals im Jahr 1996 ins Leben gerufen. In dieser Abteilung werden Aktien von jungen aufstrebenden Unternehmen mit großen Wachstumschancen gehandelt. Typisches Beispiel für diese Gruppe sind die Telefonaktien von Mobil-Com. Die Auftragsabwicklung erfolgt über Computer. Dieses Marktsegment erfreut sich großer Beliebtheit, vor allem bei spekulativ eingestellten Anlegern.

Telefonhandel

Noch eine Rubrik, die der Leser des *Handelsblatts* im Kursteil findet. In Wirklichkeit handelt es sich bei diesen Aktien um keinen echten Börsenhandel, sondern um eine Vermittlung von Kauf- und Verkaufsaufträgen per Telefon. Dieser Handel wird nicht an der Börse durchgeführt, sondern direkt durch die beteiligten Banken. Aktien aus dieser Rubrik gehören zu den riskantesten Papieren, Umsätze kommen nur sporadisch zustande, und die konkrete Empfehlung zu diesem Markt heißt deshalb: Meiden!

Was hat es mit den Regionalbörsen auf sich?

Damit die ganze Angelegenheit mit dem Auffinden der Aktienkurse auch so richtig kompliziert wird, gibt es in Deutschland nicht nur einen Börsenplatz, sondern gleich acht davon.

Manche Aktien werden an jedem Börsenplatz notiert, manche an einigen davon und andere wieder nur an einem einzigen. Zu allem Überfluß veröffentlichen die regionalen Tageszeitungen dann in ihrem Kursteil manche Aktienkurse auf der Basis der Regionalbörse. Für den Anleger wird die ganze Angelegenheit noch unübersichtlicher.

Wenn das Auffinden der Aktienkurse in der Praxis letztlich doch nicht so schwierig ist, wie es nach diesen Ausführungen den Anschein hat, dann nur aus einem einzigen Grund: Jeder Anleger kennt im Laufe der Zeit die Einteilung »seiner« Zeitung. Wer regelmäßig die *FAZ* ließt, der weiß früher oder später, wo er welche Aktie findet. Genauso geht es dem Leser der *Welt* oder des *Handelsblatts.*

Wo findet man die Kurse ausländischer Aktien?

Nachdem ich Sie bisher vor allem mit den verschiedenen Rubriken für Aktien deutscher Firmen vertraut gemacht habe, wechseln wir jetzt zu den Modalitäten der Auslandsaktien.

Die wichtigste Frage beim Suchen des Kurses einer Auslandsaktie heißt: Wird die Aktie auf DM-Basis an einer deutschen Börse gehandelt oder nur an der jeweiligen Heimatbörse im Ausland?

Auslandsaktien auf DM-Basis

Auch bei der Veröffentlichung der Kurse von Auslandsaktien gibt es bei den verschiedenen Tageszeitungen kein einheitliches System. Manche Zeitungen fassen die Auslandsaktien in eine separate Spalte zusammen, andere wiederum mischen Sie unter die deutschen Aktien ins jeweilige Handelssegment.

Auch wenn diese Methode, fachlich gesehen, korrekter ist, so ist sie jedoch für den Anleger fast unzumutbar. Wer als Börsenneuling im *Handelsblatt* mehrere Kurse verschiedener Auslandsaktien heraussuchen soll, kann dabei verzweifeln.

Wer weiß schon, daß eine Boeing-Aktie in der Rubrik »Freiverkehr« gesucht werden muß und eine Canon im »amtlichen Handel« unter fortlaufender Notierung. Die Beispiele ließen sich endlos fortsetzen.

Manche Zeitungen, darunter die Tageszeitung *Die Welt*, haben diese Problematik erkannt und bemühen sich um eine erheblich leserfreundlichere Darstellung, auch wenn mancher Fachmann dies kritisieren mag.

Was bedeuten die Zusätze hinter dem Aktienkurs?

Wenn Sie endlich mehr oder weniger schnell den aktuellen Kurs »Ihrer« Aktie gefunden haben, dann ergibt sich für den Neuling gleich das nächste Problem. Hinter dem Kurs findet er häufig sogenannte Kurszusätze. Das sieht dann wie folgt aus:

GARDENA: DM 45G

Zunächst ist alles klar, der Kurs der Gardena-Aktie betrug am betreffenden Tag 45 DM. Was aber bedeutet das »G«?

Schaut der Anleger sich einmal bewußt die Aktienkurse im einzelnen an, dann stellt er fest, daß sehr viele Aktienkurse einen solchen oder ähnlichen Kurszusatz aufweisen.

Dieser Kurszusatz signalisiert dem Profi wichtige Informationen, die auch dem Privatanleger wichtige Rückschlüsse erlauben. Deshalb hier die Aufstellung der Kurszusätze und die Erklärung:

b oder **bez.** steht für »bezahlt«. Es bedeutet: Die Aktie wurde tatsächlich zum ausgedruckten Kurs an diesem Tag auch gehandelt. Es kam ein echter Börsenumsatz zustande.

G steht für »Geld«. Übersetzt heißt das, daß zu diesem ausgedruckten Kurs nur Käufer mit »Geld« an der Börse waren, aber kein Verkäufer. Das heißt, es kam kein Verkauf zustande. Es gab keine Umsätze.

bG steht für »bezahlt Geld« Nur ein Teil der Kaufaufträge wurde ausgeführt. Es waren weitere Käufer da, die aber nicht zum Zuge kamen, weil die Verkäufer fehlten.

B steht für »Brief« Zu diesem Kurs gab es ausschließlich Verkaufsorders. Es war kein einziger Käufer da, der bereit war zu diesem Kurs die Aktien zu kaufen. Dieser Kurszusatz signalisiert weiter sinkende Kurse.

bB steht für »bezahlt Brief« Dieser Kurszusatz signalisiert, daß nur ein Teil der vorhandenen Verkäufer die Aktien an den Mann oder die Frau brachte. Einige Verkaufsaufträge konnten mangels Käufern nicht ausgeführt werden.

T steht für »Taxkurs« Es waren weder Käufer noch Verkäufer für diese Aktie da. Aus diesem Grund hat der Kursmakler den Kurs einfach geschätzt. In der Praxis wird meist der Kurs übernommen, zu dem zuletzt ein Abschluß getätigt worden war.

Börsensprache

In den meisten Tageszeitungen wird dem Kursteil zunächst einmal die Börsentendenz vorangestellt. Da sich die meisten Börsianer sofort auf die Kurse stürzen, werden diese kleinen Berichte viel zu selten gelesen. Zum Teil sind sie jedoch äußerst interessant und liefern harte Fakten, gehen aber auch auf Vermutungen und Gerüchte ein. Und das alles so knapp, daß die Informationsaufnahme nur wenig Zeit in Anspruch nimmt.

Aber auch diese kleinen Berichte, die sich auf das Tagesgeschäft beziehen, sind gespickt mit Fachbegriffen, die dem Nichtbörsianer weitgehend unverständlich sind. Als Hilfe deshalb hier ein kleiner Überblick über die wichtigsten Begriffe der Börsentendenz:

»Behauptet«, »uneinheitlich«, »gehalten«, »widerstandsfähig«, »gut behauptet« oder »unverändert« stehen für gleichbleibende, kaum veränderte Kurse. Die Schwankungen halten sich in engsten Grenzen.

»Schwach«, »sehr schwach«, »nachgebend« oder »rückläufig« stehen für fallende Kurse.

»Baisse« steht für fallende Kurse über einen längeren Zeitraum.

»Crash« steht für einen extremen Kurssturz.

»Freundlich«, »fest«, »sehr fest«, »erholt«, »leicht erholt« stehen für steigende Kurse.

»Hausse« steht für steigende Kurse über einen längeren Zeltraum.

Der Weg an die Börse

Die theoretische Spekulation kann höchstens eine Zeitlang reizvoll sein, irgendwann will jeder Anleger auch praktische Erfahrungen sammeln. Stellen Sie sich also vor: Sie haben ein Depot eröffnet und sich für eine bestimmte Aktie entschieden.

Diese Aktie notierte laut Zeitung gestern bei 220 DM. Sie geben den Kaufauftrag vor 11 Uhr bei Ihrer Bank ab, und schon fragt Sie Ihr Banker, zu welchem Preis Sie diese Aktien kaufen wollen: Zu jedem Preis – gleichgültig wie hoch dieser auch am heutigen Börsentag notieren mag – oder nur bis zu einem bestimmten Preis?

Ihr Banker erwartet von Ihnen eine Entscheidung. Akzeptieren Sie jeden Preis, dann antworten Sie mit »billigst«. Das heißt, die Bank versucht, die Aktie zum niedrigstmöglichen Tageskurs zu kaufen. Dafür gibt es natürlich keine hundertprozentige Gewähr. »Billigst« bedeutet nämlich auch, daß der Auftrag auf jeden Fall ausgeführt wird, und zwar auch zu dem Kurs, der an diesem Handelstag festgestellt wird. Im Klartext: Für Ihre Aktie, die gestern noch bei 220 DM notierte, würden Sie unter Umständen auch 230, 240 oder noch mehr bezahlen müssen.

Wollen Sie dieses Risiko vermeiden? Kein Problem. Dann sagen Sie Ihrem Banker einfach: Kaufauftrag mit Limit 225 DM. Bei diesem Kaufauftrag ist das Limit von 225 DM der Höchstkurs, zu dem ein Händler gerade noch kaufen darf.

Der Vorteil beim limitierten Kauf: Sie haben die Aktien nicht wie beim unlimitierten Kauf extrem teuer eingekauft. Aber auch diese Methode hat einen ganz entscheidenden Nachteil: Beim limitierten Kauf kommt es oft vor, daß Sie nicht zum Zuge kommen. Falls das Papier nun weiter steigt, sind Sie nicht dabei.

Ebenso läuft es beim Verkauf. Statt »billigst« heißt es dann beim unlimitierten Verkauf »bestens«. Die Aktie wird um jeden Preis verkauft. Wenn Sie den Verkaufsauftrag »limitieren«, dann bedeutet das Limit immer den Tiefstkurs, den Sie maximal akzeptieren.

Am Beispiel unserer 220-DM-Aktie bedeutet das: Geben Sie ein Verkaufslimit bei 215 DM, dann wird die Aktie mindestens für 215 DM verkauft oft aber auch gar nicht.

Wichtig: Jeder limitierte Kauf- oder Verkaufsauftrag läuft immer automatisch bis zum Monatsende. Sobald an einem einzigen Börsentag das gewünschte Limit erreicht wird, wird der Auftrag ausgeführt. Wollen Sie den Auftrag nur auf einen einzigen Börsentag begrenzen, dann müssen Sie dies der Bank ausdrücklich sagen.

Tip aus der Praxis: Bei allen großen und bekannten Aktiengesellschaften ist ein limitierter Auftrag nicht nötig. Dies kostet nur unnötige Bankgebühren, und bei den Aktienkursen solcher Firmen drohen keine bösen Überraschungen wie bei manchem Nebenwert des Kurszettels.

Deshalb gilt im umgekehrten Fall: Bei allen Aufträgen von Nebenwerten, spekulativen Aktien, Turn-Around-Werten darf nur mit limitierten Aufträgen gearbeitet werden. Das allerbeste ist jedoch, Sie meiden solche Aktien von vorneherein.

Wie erteilt man einen Kauf- oder Verkaufs-Auftrag?

Soll man telefonisch oder schriftlich ordern? Was für eine Frage! Wer schreibt denn heute noch? Schon mancher wäre allerdings froh gewesen, wenn er es, zumindest in Börsenangelegenheiten, getan hätte.

Obwohl der Griff zum Telefon üblich ist, hat der schriftliche Auftrag klare Priorität. Er ist eindeutig, eben hundertprozentig. Für den Kunden besteht Klarheit, und auch der »Abwickler« ist durch die schriftliche Auftragserteilung vor unliebsamen Irrtümern oder Irritationen geschützt. Eine Kopie ist in jedem Fall ratsam.

Zum einen hat man die Stückzahl exakt fixiert, zum anderen ist man vor Namensverwechslungen sicher. Vorsicht ist bei den sogenannten Urlaubs-Dispositionen aus einer Telefonzelle in Strandnähe (die Brandung tost) oder an verkehrsreichen Plätzen (Verkehrslärm) geboten. Ihr Gespräch wird durch Geräusche überlagert, am anderen Ende versteht man Sie nur halb oder falsch.

Wenn es denn unbedingt sein muß und Sie vor dem Geschäft Ihres Lebens stehen, ist ein Fax die deutlich bessere Alternative. Wer seinen Auftrag schriftlich zu Papier bringt, reflektiert beim Schreibvorgang die gesamte Transaktion noch einmal. Nichts verlangt mehr nach Ruhe und tiefgründiger Überlegung als das hektische Finanzgeschäft mit seinen zigtausend Möglichkeiten.

Die Bank ist für den Anleger nichts anderes als das ausführende Organ, quasi das Eingangstor zu den Aktienmärkten. Da Sie, wie bereits erwähnt, nicht einfach in den Börsensaal hineinspazieren können, brauchen Sie die Dienste einer Bank oder eines Brokers.

Dennoch gibt es auch bei der Auftragserteilung oft Probleme, die man vorher kennen muß. Beispiel: Sie ordern bei Ihrem Banker 200 Stück Unilever-Aktien. Nun ist es durchaus möglich und auch völlig normal, daß Ihr Banker ausgerechnet Unilever nicht mag oder der Meinung ist, der Kurs stehe viel zu hoch.

Es ist auch möglich, daß er versucht, Ihnen Unilever auszureden, und Sie lieber zu anderen Aktien steuern will, die er oder sein Institut für besser halten. Haben Sie aber Ihre Hausaufgaben gemacht und sind weiterhin der Ansicht, Unilever sei ein guter Kauf, bestehen Sie darauf, daß Ihr Auftrag entsprechend Ihrer Wahl ausgeführt wird. Schließlich ist es einzig und allein Ihr Geld, das investiert wird.

Jedem sein Index: Dax, Dow und Nikkei

In jeder Börsensendung sind sie ein Thema: DAX, Dow und Nikkei. Um auf einen Blick zu erkennen, wie die Aktien eines Landes oder einer Branche stehen, konzentrieren sich Börsianer auf den jeweiligen Index.

Der DAX ist Deutschlands wichtigster Index. Er setzt sich aus 30 Standardwerten zusammen. Steigen die im Index enthaltenen Aktien, so geht's mit dem DAX bergauf, fallen sie, geht der Index nach unten.

Wer also wissen will, was sich an der Börse getan hat, braucht nur einen Blick auf den DAX zu werfen, dessen Stand im Minutentakt festgestellt wird. Es gibt also innerhalb einer Börsensitzung in Frankfurt, die von 10.30 Uhr bis 13.30 Uhr dauert, exakt 180 neue DAX-Stände.

Aber auch außerhalb der Präsenzbörse werden Aktien gehandelt. Von 8.30 Uhr bis 17.00 Uhr können Banken, Investmentgesellschaften oder Versicherungen untereinander Wertpapiere handeln, und zwar über das »Integrierte Börsenhandels- und Informationssystem«, kurz IBIS ge-

30 DAX-Titel mit fortlaufenden Notierungen

Schluß 20.1.	Verlauf 21.1.	Kasse 21.1.	Schluß 21.1.	+/-	Name	Div DM	H/T 52 Wochen	Umsatz Stück	KGV	Div. Rendite
2048	2817-9-03-2807	2812	2807	– 41	Allianz Holding	16,00	2918 - 2486	9422	31,5	0,8
59	58,1-8,4-8-58,1	58,3	58,1	– 0,9	BASF	1,40	52,2 - 34,2	689385	12,4	3,4
61,7	60,6-0,7-0,3-60,5	80,5	80,5	– 1,2	Bayer	1,50	65 - 41,8	570842	14,1	3,5
52,8	52,4-2,5-1,3-52,1	51,5	52,1	– 0,7	Bayer. Hypo	1,45	52,8 - 36	420848	19,3	3,9
62,3	62,5-3,3-2,5-63,3	62,7	63,3	+ 1	Bayer. Vbk.	1,50	66 - 41	555837	19,8	3,3
1101,5	1077-83-72-1075	1080	1075	– 26,5	BMW	13,00	1101,5 - 771	10315	17,1	1,7
44,7	44,8-5-4-44,1	44,5	44,1	– 0,6	Commerzbk.	1,35	44,7 - 31	1053524	13,4	4,3
117,3	113,4-4,4-2,3112,5	114,2	112,8	– 4,7	Daimler	-	117,3 - 76,1	570815	25,5	-
715	723-38-23-730	729	730	+ 15	Δ Degussa	12,5	730 - 483,5	24114	15,2	2,4
53,7	53,3-3,3-3,1-53,2	53,3	53,2	– 0,5	Dresdner Bk.	1,35	53,7 - 37,2	587437	16,6	3,5
81,2	82,1-2,1-0,3-80,5	80,9	870,5	– 0,7	Dt. Bank	1,80	81,2 - 87,6	1487718	16,1	3,1
31,8	31,1-1,2-1-31,1	31,1	31,1	– 0,5	Dt. Telekom	-	33,9 - 29,9	894000	15,9	-
87,7	85-5,1-4,2-84,7	84,2	84,7	– 3	Henkel VZ	1,15	87,7 - 54,3	90654	20,6	1,9
69,2	67,9-8,2-7,7-88,2	67,8	68,2	– 1	Hoechst	1,30	73,3 - 42,8	350480	17,5	2,7
491	493-6,7-1-492	496,7	492	+ 1	Karstadt	13,00	615,5 - 482,5	13101	41	3,7
1059	1043-50-40-1050	1045	1050	– 9	Linde	18,00	1070 - 853	11861	22,3	2,1
22,4	22,5-2,8-2,5-22,8	22,8	22,8	+ 0,4	Lufthansa	,50	25,9 - 19,8	539039	16,9	3,1
416,5	412-2-01-402	407,5	402	– 14,5	MAN St.	12,00	444,3 - 350,4	51018	14,9	4,2
647,3	639,5-46-38,5-638,5	642,5	638,55	– 8,8	Mannesmann	8,00	662,9 - 492,8	72339	24,6	1,7
123,1	122,2-2,9-1,6-122,2	122,5	122,2	– 0,9	Metro	-	143,3 - 120	42958	11,1	-
3715	3710-3-690-3690	3893	3890	– 25	Münchener Rück	16,00	3845 - 3433	3518	28,4	0,5
390	384-4-79-380	381	380	– 10	Preussag	12,00	441,5 - 339,5	18314	15,8	4,5
69,1	66,8-6,8-6,4-66,7	66,6	66,7	– 2,4	RWE St.	1,50	69,1 - 52,6	250880	20,8	3,2
241	237-7-28-231,6	234	231,6	– 9,4	SAP Vz.	1,35	284 - 192	88378	37,4	0,8
140	137,1-7,5-5,8-136,3	136	136,3	– 3,7	Schering	1,55	140 - 101	135672	23,5	1,8
78,6	77,6-7,9-7,3-77,8	77,7	77,8	– 0,8	Siemens	1,30	86 - 70,8	528753	16,2	2,3
293	289-91-88-290	290	290	– 3	Thyssen	10,00	297 - 261,7	63579	12,6	4,9
94,3	91,8-2,1-1,4-91,5	91,5	91,5	– 2,8	Veba	1,70	94,8 - 64	370394	15,8	2,6
660	645,5-9,5-3-647,5	648	647,5	– 12,5	Viag	12,00	668,3 - 537,3	27825	15,6	2,6
742,5	736-8,5-2-738	737	736	– 6,5	VW	6,00	742,5 - 498	62672	19,4	1,1
3030,7	2992,4-2,4-72,8-2976,7	-	2976,7	– 54	DAX	-	3030,7 - 2371,3	-	-	-

Quelle: »Die Welt«

nannt. Die durch diesen Handel entstandenen Kurse spiegelt der IBIS-DAX wider.

Wichtig ist, zu wissen, daß der DAX nicht nur Kursentwicklungen, sondern auch Dividenden berücksichtigt. Dies führt dann auch dazu, daß das Kursbarometer am Tag der Dividendenausschüttung nicht fällt. Der DAX legt nämlich die Dividende gleich wieder an, und zwar in Aktien der gleichen Firma.

Indizes dieser Art werden Performance-Index genannt. Nicht alle Aktien im DAX haben die gleiche Wertigkeit. Wie einzelne Unternehmen im DAX gewichtet sind, hängt vom börsenzugelassenen Aktienkapital ab. »Schwergewichte« im DAX sind beispielsweise Konzerne wie Allianz, Siemens, Daimler-Benz oder Deutsche Bank.

Neben dem DAX gibt es in Deutschland noch weitere Indizes, beispielsweise den C-DAX und den M-DAX. Der C-DAX (Composite-DAX) gibt die durchschnittliche Entwicklung aller im amtlichen Handel notierten Aktien an. Der M-DAX (Midcap-DAX) ist das Spiegelbild der Nebenwerte mit geringerer Marktkapitalisierung. Er enthält 70 verschiedene Aktien. Mit einem Blick auf den M-DAX erkennt der Anleger also sofort die durchschnittliche Entwicklung der »Aktien aus der 2. Reihe«.

Nun aber zum »Leitwolf der Indizes«: Der wichtigste Index der Welt ist zweifelsohne der Dow Jones aus den USA. Wie der DAX umfaßt auch er exakt 30 Standardwerte und spiegelt deren durchschnittliche Kursentwicklung wider.

Unternehmen	Ticker	Tätigkeit Gründung	Kurs Ende Nov. US-$, Rating	Veränd. im laufend. Jahr/1995	Hoch/Tief in US-$ 1996 1995	Marktkap. in Mio US-$	Ausstehende Aktien in Tausend	Ertrag pro Aktie in US-$ 1995	1996^e	1997^e	D.-Rend./ letzte Dividende	KDV 5-Jahr.-Rendite
Amerikanische Aktien (Dow Jones Werte)												
Alcoa	AA	Aluminium	63,375	16,55%	66.250/48.250	11 137	175733	4,43	3,80	5,40	2,10%	11,7
		1939	B–	25,54%	60.000/36.00						0,333	15,50%
Allied Signal	ALD	Luftfahrttechnik	72,375	46,99%	75.000/41.125	20 465	282767	3,09	3,57	4,10	1,24%	17,7
		1887	B+	44,85%	50.0000/33.375						0,225	31,80%
American Express	AXP	Finanzdienstleistungen	52,500	26,51%	54.750/37.875	25 383	483100	3,11	3,60	4,10	1,71%	12,8
		1870	B	40,68%	44.750/29.00						0,255	0,218
AT & T Corp.	T	Telekommunikation	39,125	–19,85%	68.875/33.250	62 870	1606891	3,30	3,48	3,60	3,37%	10,8
		1881	B+	28,86%	66.250/47.00						0,330	–
Bethlehem Steel	BS	Stahl	9,000	–36,28%	15.875/7.575	999	110960	1,24	0,40	0,80	0,00%	11,3
		1896	B–	–21,53%	18.125/13.625						0,000	–9,80%
Boeing	BA	Flugzeugbau	99,500	24,57%	101.125/72.000	34 436	346095	2,56	2,82	5,00	1,13%	18,9
		1942	B+	70,86%	75.250/44.375						0,280	15,60%
Caterpillar	CAT	Maschinenbau	69,625	17,02%	81.000/54.000	13 498	193864	5,72	6,50	6,90	2,15%	10,1
		1914	B	7,94%	75.250/48.250						0,400	29,50%
Chevron	CHV	Öl	68,625	26,00%	68.125/48.125	43 483	652647	1,43	4,00	4,20	3,24%	15,9
		1912	B	18,49%	50.125/43.375						0,540	16,20%
Coca Cola	KO	Getränke	51,125	37,71%	54.000/35.250	127 613	2496107	1,18	1,40	1,55	0,98%	31,0
		1893	A+	44,17%	38.025/24.500						0,125	27,80%
Disney	DIS	Unterhaltung	74,000	21,56%	77.250/53.250	50 193	678281	2,62	2,20	2,80	0,59%	25,4
		1957	A	31,98%	63.875/45.000						0,110	18,10%
DuPont	DD	Chemie	93,750	30,21%	97.625/66.125	52 545	560482	5,60	6,30	6,80	2,43%	13,8
		1904	B+	28,00%	72.625/52.625						0,570	18,10%
Eastman Kodak	EK	Fototechnik	80,525	17,27%	85.00./85.675	27 379	339586	3,82	4,42	5,05	1,98%	16,0
		1902	B	43,98%	70.500/47125						0,400	17,30%
Exxon	XON	Öl	93,875	16,43	95.125/77.125	116 600	1242076	5,18	5,40	5,60	3,37%	16,8
		1882	A–	32,72%	80.875/60.125						0,790	11,70%
General Electric	GE	Industrie Holding	102,500	39,46%	100.125/57.875	170 125	1659755	3,9	4,33	4,80	1,80%	21,4
		1898	A+	44,12%	57.500/49.875						0,480	24,80%

General	GM	Automobil	57,125	10,12%	58.125/43.375	43 185	755968	7,28	6,50	6,80	2,80%	8,4
Motors		1898	B	22,78%	51.875/37.250						0,400	7,90%
Goodyear	GT	Gummiindustrie	48,825	10,20%	53.000/37.000	7 539	155053	4,02	4,20	4,50	2,30%	10,8
		1937	B	31,23%	45.125/33.000						0,280	18,00%
IBM	IBM	Computertechnik	158,125	72,50%	160.000/83.125	85 335	539671	11,02	11,20	12,50	0,89%	12,7
		1916	B–	23,93%	114.525/70.250						0.350	6,70%
Int. Paper	IP	Papier	41,750	7,05%	44.625/34.125	12 455	298348	4,50	1,50	2,00	2,40%	20,9
		1946	B+	3,48%	45.375/37.875						0,250	7,20%
McDonalds	MCD	Gastronomie	48,125	2,22%	54.250/36.125	32 253	699250	1,97	2,30	2,50	0,65%	17,7
		1976	A+	54,27%	45.000/28.625						0,075	23,0%
Merck	MRK	Pharma/Chemie	83,750	30,35%	84.250/48.500	101 886	1215545	2,70	3,10	3,60	1,91%	23,3
		1935	A+	68,52%	61.000/36.375						0.400	13.20%
Minnesota	MMM	Klebstoffe	83,825	23,43%	85.000/53.875	35 053	419186	2,32	3,60	4,05	2,34%	20,6
Mining		1918	A+	28,93%	64.750/50.750						0,490	13,40%
JP Morgan	JPM	Bank	94,250	16,18%	94.675/70.500	17 701	187811	6.58	7,50	7,77	3,44%	12,1
		1892	B+	44,87%	82.250/56.125						0,810	12,70%
Philip	MO	Tabak/Nahrungsmittel	103,875	13,05%	107.250/71.375	86 190	829752	6,50	7,60	8,50	4,62%	12,2
Morris		1928	A+	59,78%	90.750/55.750						1,200	9,10%
Procter &	PG	Konsumgüter	109,000	31,13%	111.875/66.125	74 766	685925	3,71	4,30	5,10	1,65%	21,4
Gamble		1891	A	34,07%	89.000/80,625						0,450	20,80%
Sears	S	Handel	49,000	25.54%	53.875/31.500	19 085	389484	2,52	2,99	3,40	1,88%	14,4
		1935	B	–15,22%	61.250/29.375						0,230	23,58%
Texaco	TX	Öl	98,875	25,26%	107.000/62.750	26 114	264110	4,20	6,50	6,80	3,44%	14,5
		1903	B	31,11%	72.000/59.750						0,850	13,20%
Union	UK	Kunststoffe	45,750	21,59%	49.875/34.750	6 080	133108	6,44	4,70	4,80ß	1,64%	9,5
Carbide		1918	–	28,09%	42.125/25.500						0,188	38,70%
United	UTX	Luftfahrttechnik	139,750	49.07%	140.000/79.875	17 020	121792	5,70	7,10	8,20	1,57%	17,0
Technology		1935	B	49,10%	93.000/62.250						0,550	25,50%
Westinghouse	WX	Elektro	18,500	8,00%	21.125/13.000	7 748	418824	0,69	0,15	0,54	1,08%	34,3
		1935	B–	39,80%	16.375/12.125						0,050	–0,90%
Woolworth	2	Handel	23,750	80,95%	25.250/9.375	3 161	133092	0,39	0,75	1,10	0,00%	–
		1912	C	–12,50%	19.375/14.375						0,000	–3,60%

Quelle: »Die Welt«

Die einzige Aktie, die seit dessen Gründung noch heute im Dow Jones Industrial Average enthalten ist, ist General Electric. Unternehmen wie beispielsweise Disney wurden erst viele Jahre später gegründet. Als Mr. Charles Henry Dow im Jahr 1884 seine Liste zusammenstellte, hatte weder Walt Disney eine Mickymaus gezeichnet, noch hatte McDonald's einen einzigen Big-Mäc verkauft.

Generell kann man sagen: Jedes Land hat seinen Index. Und das ist gut so. Ein kurzer Blick genügt, und man erkennt die Kursentwicklung des jeweiligen Landes. Die wichtigsten Indizes der Welt sehen Sie in jeder Tageszeitung auf einen Blick:

Aktien-Indizes der Weltbörsen mit doppeltem Ultimo-Vergleich

52 Wochen Hoch	52 Wochen Tief	Orts-zeit	Börse	Index	% seit Ultimo 95	% seit Ultimo 96	20.1.	21.1.	%
457,4	332,5	16	Amsterdam	CBS General	+ 41,9	+ 4,8	457,4	456,2	– 0,3
1113,91	872,99	15	Athen	General	+ 21,3	+ 19,3	1113,91	1109,1	– 0,4
2022,14	1597,22	16	Brüssel	Bel-20 Index	+ 29,4	+ 6,2	2022,14	2018,13	– 0,2
3030,68	2371,3	14	Frankfurt	DAX	+ 32,1	+ 3	3030,88	2970,71	– 1,8
3006,87	2373,01	16		Ibis-DAX	+ 31,8	+ 3,5	2999,19	2960,562	– 0,6
3173,67	2540,23	14		M-DAX	0	+ 6,1	3173,67	3136,92	– 1,2
3150,79	2541,5	16		Ibis Mid Cap	0	+ 5,8	3150,79	3132,89	– 0,6
1544,38	1221,15	14		DAX 100	+ 30,1	+ 3,6	1544,36	1518,54	– 1,7
276,57	224,3			DAX Composite	+ 26,5	+ 3,6	276,87	272,95	– 1,4
17,09	10,1			DAX Volatility	+ 25,9	+ 5	15,24	15,95	+ 4,7
1048,94	849,39			FAZ	+ 26,9	+ 4,4	1048,94	1035,46	– 1,3
3041,7	2463			Commerzbank	+ 27,2	+ 3,9	3041,7	3001,1	– 1,3
341,09	274,8			Welt	+ 27,5	+ 4,5	341,09	336,7	– 1,3
2718,91	1680,37	16	Helsinki	HEX-General	+ 57	+ 7,9	2718,91	2558,94	– 1,1
13868,24	10249,48	15	Hongkong	Hang Sang	+ 36,3	+ 1,9	13868,24	13732,79	– 1
2030,4	1390,1	18	Johannesbg.	Alt-Gold 100	+ 8,6	– 5,5	1419,1	1419,1	0
507,99	378,31	14	Kopenhagen	Copenh. SF.	+ 38,5	+ 7,9	505,32	–	0
2415,41	1707,28	16	Lissabon	BVL-30	+ 48,7	+ 10,4	2415,41	2387,89	– 1,2
2520,73	1674,61	16	London	FT Gold Min.	– 8,6	– 4,8	1753,21	1743,21	– 0,5
4207,7	3623,3			FTSF 100	+ 13	+ 1,6	4194	4169,1	– 0,6
5198,33	4248,41	18	Luxemburg	F.I.B.V.	+ 42,8	+ 10,6	5162,05	–	0
5490,43	3852,81	16	Madrid	IBEX 35	+ 49,7	+ 5,7	5490,43	5436,65	– 1
12334	9141	16	Mailand	MtbTel	+ 28	+ 14,3	12334	12103	– 1,9
8843,87	5066,9	10	New York	Dow Jones Ind.	+ 33,3	+ 3,8	5843,87	6820,78	+ 0,3
776,7	606,38			St. Peers 500	+ 25,8	+ 1,9	776,7	773,37	– 0,4
409,31	325,29			NYSE Comp.	+ 23,7	+ 2,2	409,31	407,62	– 0,4
1364,29	1042,37			Nasdaq Comp.	+ 29,5	+ 5,1	1364,29	1362,02	– 0,2
1790,86	1259,68	16	Oslo	OSE Industr.	+ 41,4	+ 8,7	1790,86	1783,27	– 0,4
2425,1	1932,07	16	Paris	CAC-40	+ 27,8	+ 3,2	2406,1	2389,52	– 0,7
2493,71	2038,84	15	Singapur	Stralts Times	– 0,7	+ 1,5	2271,95	2250,79	– 0,9
2478,95	1684,58	16	Stockholm	Sth. Fondbors	+ 43,8	+ 4,3	2478,95	2468,35	– 0,4
2444,2	2096,1	15	Sydney	All Ordinaries	+ 10,3	+ 0,7	244,2	2430,3	– 0,5
22668,8	17303,65	15	Tokio	Nikkei-255	– 12,6	– 10,3	1748,34	17368,18	– 0,7
6138,8	4773	10	Toronto	300 Composite	+ 29,3	+ 3	5113,9	8095,5	– 0,3
1176,07	1012,21	16	Wien	ATX	+ 22,4	+ 3,1	1176,07	1174,99	– 0,1
4019,9	3191,4	15	Zürich	SMI	+ 21,4	+ 1,3	4009,5	4002,8	– 0,2

Quelle: »Die Welt«

Die Börse im Computerzeitalter

Die Zeiten, in denen die Kurse mit Kreide auf eine Tafel geschrieben wurden, sind vorbei. Das Computerzeitalter machte natürlich auch vor der Börse nicht halt. Elektronische Handelssysteme drängen nach und nach die Makler aus dem Börsensaal.

Parallel zum Parketthandel läuft auch in Deutschland ein vollelektronischer Wertpapierhandel, das IBIS (Inter-Banken-Informations-System). Im IBIS können Banken, Versicherungen und Makler untereinander mit Wertpapieren handeln. Inzwischen sind diesem System über 200 Teilnehmer angeschlossen. Eine weitere elektronische Variante ist BOSS, das Börsen-Order-Service-System. Es handelt sich hierbei um ein elektronisches Auftrags- und Übermittlungssystem. Wertpapieraufträge werden mit BOSS sekundenschnell unmittelbar in den Börsensaal übertragen.

KISS ist ebenfalls ein Kurs-Informations- und Servicesystem; es verbreitet in Echtzeit die von den Maklern eingetippten Kurse. Auch sie erscheinen in Sekundenschnelle auf den Bildschirmen des Börsensaals, in den Bankenbüros, bei Brokern oder auf dem Bildschirm der Fonds-Manager. Auch Nachrichtenagenturen wie beispielsweise Reuter werden durch KISS beliefert.

Die derzeit größte reine Computerbörse der Welt ist die 1971 geschaffene amerikanische

Freiverkehrsbörse NASDAQ (**N**ational **A**ssociation of **S**ecurity **D**ealers **A**utomated **Q**uotations **S**ystem). Über 5000 verschiedene Titel werden dort elektronisch gehandelt. Der Parketthandel fällt komplett weg, es gibt keine schreienden Makler, lediglich kühl rechnende Computer.

Die Hauptversammlung

Breitschultrige Männer stehen am Eingang. Taschen werden durchsucht, Sensoren tasten Anzüge ab. Nein, in diesem Kapitel soll es weder um ein Rockkonzert gehen, noch soll der Bundeskanzler vor aggressiven Autonomen geschützt werden.

Hier geht es lediglich um die Hauptversammlung einer Aktiengesellschaft. Einmal im Jahr stehen die Manager den Aktionären Rede und Antwort. Sie müssen Rechenschaft darüber ablegen, wie sie mit dem Geld der Anteilseigner umgegangen sind. Die Zahlen des Konzerns kommen auf den Tisch.

Legt der Vorstand einen glänzenden Bericht und einen ebensolchen Jahresabschluß vor und ist der Aktienkurs im Klettern begriffen, wird entsprechend viel Lob und Anerkennung seitens der Aktionäre zu hören sein.

Aber auch Vorstandsvorsitzende, die einen schlechten Abschluß mit drastischen Verlusten ankündigen müssen, haben Chancen, glimpflich davonzukommen, nämlich dann, wenn sie bessere Zeiten für das Unternehmen ankündigen können. Wird das glaubwürdig vorgetragen und mit Fakten untermauert, so gehen die Kurse in Erwartung der Geschäftsbelebung nach oben.

Für Vorstand und Aufsichtsrat geht es bei der Hauptversammlung in erster Linie um ihre Entlastung. Dieser Punkt findet sich in jeder Tagesordnung wieder. Werden Vorstand und Aufsichtsrat entlastet, so bedeutet dies, daß die Aktionäre mit dem Management einverstanden sind und ihm ihr Vertrauen aussprechen.

Für die Macht in einem Unternehmen braucht man Stimmen. Von extremer Bedeutung ist das Stimmrecht bei anstehenden Satzungsänderungen. Besitzen ein Aktionär oder eine Aktionärsgruppe mehr als 25 Prozent des Aktienkapitals, dann verfügen sie über die sogenannte Sperrminorität und können jeden Beschluß verhindern. Auch wer nur eine Handvoll Aktien besitzt und wichtige Fragen an das Unternehmen hat, kann diese stellen oder von jemandem vortragen lassen.

Eifrige Hauptversammlungsbesucher kennen längst die Unternehmen, die ihre Aktionäre mit kulinarischen Höhepunkten versorgen. Nüchterne Beobachter sprechen in diesen Fällen von der »Naturaldividende«. Als Geheimtip gelten hier von jeher die Hauptversammlungen der Brauereien. Freibier und deftige Bewirtung lassen manchen Kritiker schnell seinen Ärger über die schlechte Kursentwicklung vergessen.

Nicht zu vergessen: die Dividende

Die Dividende ist die Gewinnausschüttung eines Unternehmens an seine Aktionäre. Wer Aktien kauft, hat in erster Linie ein Interesse an Kursgewinnen. Dennoch sollten wir die regelmäßigen Dividenden nicht vergessen. Bei einigen Unternehmen ist die Dividendenrendite sogar höher als die Zinsen auf dem Sparbuch. Immer mehr Anleger achten deshalb beim Aktienkauf auch auf die Höhe der Gewinnausschüttung.

Erzielt ein Unternehmen Gewinne, so können die Eigentümer mit einer Dividende rechnen. Die Höhe der Ausschüttung ist jedoch nicht gesetzlich festgelegt und differiert von Unternehmen zu Unternehmen.

Eines sollte an dieser Stelle erwähnt werden: Die Höhe der Dividendenrendite sagt nichts über die Qualität des Unternehmens aus. Wenn manche Unternehmen nur einen kleinen Teil der erzielten Gewinne auszahlen, muß das kein Nachteil sein. Viele Firmen verwenden einen großen Teil ihrer Gewinne lieber für die Forschung und die Entwicklung neuer Produkte.

Bei Computer- oder Pharmafirmen ist dieses Geschäftsfeld eines der wichtigsten. Gelingt beispielsweise einem Pharmakonzern ein Durchbruch mit der Entwicklung eines neuen Medikaments, profitiert ja auch der Aktionär, nur eben nicht durch eine hohe Dividende, sondern durch den steigenden Aktienkurs.

Die Dividendenrendite bezieht sich immer auf

den aktuellen Kurs. Hierzu ein Beispiel: Aktuell notiert eine Aktie bei 200 DM. Zahlt das Unternehmen nun eine Jahresdividende von 10 DM pro Aktie, errechnet sich eine Dividendenrendite von exakt 5 Prozent. Beträgt die Dividende hingegen nur 2 DM pro Aktie, reduziert sich die Rendite auf ein Prozent. Da sich der Kurs der Aktie börsentäglich verändert, ändert sich auch die Dividendenrendite jeden Tag.

Empfehlung: Sie sollten eine Aktie niemals aufgrund einer hohen Dividende beurteilen, sondern immer auch die Geschäfts- und Kursentwicklung der letzten Jahre prüfen. Vorsicht bei allzu hoher Dividendenrendite. Nicht selten kommt es vor, daß die Dividendenrendite nur so hoch ist, weil der Aktienkurs extrem gefallen war.

Bleiben wir noch kurz bei diesem Beispiel: Die Aktie notiert bei 200 DM, die Dividende pro Aktie beträgt 10 DM, eine Dividendenrendite also von 5 Prozent. Fällt der Kurs der Aktie jedoch auf 100 DM, errechnet sich eine Dividendenrendite von sage und schreibe 10 Prozent.

Anleger, die nur die Höhe der Dividendenrendite sehen, laufen Gefahr, sich auf diese Weise die schlechtesten Aktien ins Depot zu legen. Oft ist es dann nur eine Frage der Zeit, bis das Unternehmen die Dividende ganz streicht.

Der Aktionär und das Finanzamt

Möglichst viel verdienen und keine Steuern zahlen – wer möchte das nicht? An der Börse ist beides möglich, und zwar ganz legal. Entscheidend ist, daß zwischen Kauf und Verkauf der Aktien mindestens ein Zeitraum von sechs Monaten liegt.

Wer diese Zeitspanne unterschreitet, muß an das Finanzamt berappen, denn es handelt sich dann um Einkünfte aus Spekulationsgeschäften, die in der Steuererklärung anzugeben sind.

Zugleich wird erkennbar, daß es eine Spekulationssteuer – etwa mit festgeschriebenen Prozentsätzen – gar nicht gibt. Jedermann wird im Rahmen seiner individuellen Steuererklärung vom Fiskus zur Kasse gebeten, wobei klar ist, daß ein Spekulationsgewinn die Steuerlast erhöht.

Wer beispielsweise 80 000 DM zu versteuerndes Einkommen hat und 30 000 DM an der Börse hinzuverdient, muß 110 000 DM versteuern, falls der Börsengewinn innerhalb von sechs Monaten erzielt wurde. Aus diesem Grund halten geduldige Anleger durch und realisieren die Gewinne erst nach Ablauf der Spekulationsfrist. Das Finanzamt geht in einem solchen Fall leer aus.

Kleinstanleger sind im Prinzip fein raus, denn Gewinne unter 1000 DM sind in jedem Fall steuerfrei, auch wenn sie die Aktie bereits nach einigen Wochen wieder verkauft haben.

Ein kleiner Trost verbleibt bei alldem: Steuerehrliche Spekulanten können das Finanzamt auch am Verlust beteiligen, falls – und das ist eine unabdingbare Voraussetzung – im selben Kalenderjahr Gewinne erzielt wurden. Gewinne und Verluste können gegeneinander aufgerechnet werden, wenn sie innerhalb der 6-Monats-Frist zustande kamen.

Mit der Dividende verhält es sich etwas anders. Sie unterliegt in jedem Fall der Steuer. Irgendwelche Fristen oder Freigrenzen existieren nicht. Wird die Dividende ausbezahlt, erhält man von seiner Bank/Sparkasse einen Abrechnungsbeleg, den man aus steuerlichen Gründen sorgfältig aufbewahren sollte.

Wenn Sie, liebe Leser, dieses Buch in Händen halten, kann sich die Gesetzeslage im Hinblick auf die Versteuerung von Kursgewinnen bereits verändert haben. Derzeit erwägt die Regierung, die sechsmonatige Spekulationsfrist auf ein oder zwei Jahre auszuweiten. Kursgewinne wären dann erst nach dieser Zeit steuerfrei.

Wo erhalte ich Börseninformationen?

Obwohl die Börse von Informationen lebt, gibt es eindeutig zuviel davon. Damit beginnt für den Anleger bereits die Problematik, und es gilt, die Informationen zu filtern. Nur qualitativ wertvolle Informationen zählen, alles andere kann der Investor getrost vergessen. Klären Sie also für sich selbst, was wichtig ist und was nicht.

Neben den klassischen Printmedien informieren natürlich auch Fernsehen und Hörfunk über das aktuelle Wirtschafts- und Börsengeschehen. Der Nachrichtenkanal n-tv zum Beispiel, der von morgens bis abends die aktuellen Nachrichten zusammenfaßt. Dreimal am Tag werden Börsianer bei n-tv mit der »Telebörse« »beglückt«. Der Sender 3sat schickt jeden Freitagabend die »3sat Börse« über den Äther, und auch der Hörfunk meldet sich mehrmals täglich mit Börsenberichten zu Wort.

Eine Fundgrube an Infoquellen sind die sogenannten neuen Medien. Fast alle Wirtschaftsmagazine, Banken, Broker oder Börseninformationsdienste sind per AOL, Compuserve, T-Online oder über das Internet erreichbar. Per Mausklick gibt's Kurse, Meldungen und Analysen.

Bei der ganzen Schwemme von Informationen sollten Sie eines nicht vergessen: Selbst die objektivste und gesichertste Information hilft nicht weiter, wenn sie falsch interpretiert wird.

Teil II: Aktienanalyse

Warum Kurse steigen oder fallen

Die Börse ist ein Markt. Käufer und Verkäufer treffen sich, um mit Aktien zu handeln. Steigt die Nachfrage, ist also eine Aktie sehr begehrt, steigt auch der Kurs – jeder möchte das Papier in seinem Depot haben und ist deshalb auch bereit, einen höheren Preis zu zahlen.

Die Kaufgründe sind vielfältig. Vorherrschend ist natürlich die Erwartung, die Aktie später zu einem wesentlich höheren Kurs verkaufen zu können. Eine Aktie dagegen, die keiner haben will, leidet unter Verkaufsdruck. Der Kurs sinkt, und zwar so lange, bis die ersten wieder bereit sind, eine solche Aktie zu kaufen.

Jede Situation an der Börse ist anders, die Motivation des einzelnen nicht immer zu ergründen. Viele Anleger wissen oft selbst nicht, warum sie diese oder jene Aktie gekauft haben.

Welche Aktien aber kauft man? Welche werden im Kurs steigen? Von welchen Papieren läßt man besser die Finger? Da die Börse alles andere als berechenbar ist, sucht man als Investor nach Anhaltspunkten, um den Aktienmarkt nach bestimmten Kriterien abzutasten. Diese können zwar kein exaktes Meßinstrument sein, decken aber doch die wesentlichen Strukturen des Marktes auf und liefern wichtige Basisdaten.

Das grundsätzlich Unkalkulierbare verdanken wir der Politik. Die Wahrscheinlichkeit, daß irgendein Politiker etwas Dummes oder Unüberlegtes sagt, ist riesengroß. Tagtäglich müssen wir Anleger damit rechnen und mit dieser allgegenwärtigen Bedrohung leben. Schon in der Vergangenheit sorgten politische Aussagen oder Handlungen für »Unruhe« auf den Finanzmärkten. Die Auswirkungen können drastisch sein. Hier zwei Beispiele:

– US-Finanzminister Baker erklärte im Oktober 1987, die USA würden den Dollar nicht mehr stützen. Solle er doch fallen, wohin er wolle. Die Börsianer vernahmen damals diese Aussage am Freitag und waren über das Wochenende natürlich handlungsunfähig. Am Montag, dem 14. Oktober 1987, brachen die Kurse zusammen. Die Börsenwelt war geschockt.

– Im August 1990 überfiel der Irak das Emirat Kuwait. Die Folge waren auch hier weltweite Kursstürze. Selbst die besten Aktien aus den Hartwährungsländern gerieten in den Abwärtssog. Eine kurzfristig drohende Öl-Versorgungslücke löste bei vielen Panik aus.

Wichtig ist, daß man weiß: Der größte Teil der Aktien hat diese politisch bedingten Rückschläge innerhalb kurzer Zeit wieder ausgleichen können und danach neue Höchstkurse erreicht.

Zinsen

Für viele Börsianer sind die Zinsen der wichtigste Börsenindikator. Kaum ein Spekulant kommt an der Beachtung der Zinsen vorbei. Die Börsengrundregel lautet hier:

> Steigende Zinsen – sinkende Aktienkurse,
> sinkende Zinsen – steigende Aktienkurse.

Was ist der Grund für diese Börsenregel? Die Zinsen und damit die Anlageformen wie Sparbücher, Anleihen, Pfandbriefe oder Schuldverschreibungen sind die Konkurrenten der Börse. Erhält ein Sparer bei einer Bundesanleihe 7 oder gar 8 Prozent Zinsen, warum sollte er sich dann anderweitig auf ein Kursrisiko in Aktien einlassen? Sind die Zinsen für die Spareinlagen aber minimal, ist er eher bereit, sein Geld profitabler zu investieren, mehr Geld fließt in die Aktien, die Kurse steigen.

Das Hauptsignal aus dem Zinslager sendet die Bundesbank. Sie beschließt in ihren Sitzungen eine Senkung oder Erhöhung des Diskontsatzes – und hat damit schon oft eine Berg-und-Tal-Fahrt an der Börse eingeleitet. Neben der Festlegung des Diskontsatzes hat die Bundesbank noch weitere Steuerungsmöglichkeiten:
– den Lombardsatz
(Zum Lombardsatz können sich die Banken bei der Deutschen Bundesbank gegen Hinterlegung von Wertpapieren Geld leihen.)

– den Tagesgeldsatz
(Zinssatz für kurzfristige Anlagemöglichkeiten)

– die Offenmarktpolitik
(gezieltes Einwirken auf den Markt durch Kauf oder Verkauf von Anleihen).

Diese drei Steuerungsgrößen sind jedoch etwas für Finanzspezialisten, Börsenstrategen genügt die Betrachtung des Diskontsatzes. Hier noch einmal seine Bedeutung:

– Diskontsatz
Zum Diskontsatz können sich die Banken bei der Deutschen Bundesbank Geld leihen. Dafür werden Wechsel als Sicherheit angeboten.

Der Diskontsatz verläuft in seiner Kurve ähnlich der Inflation (Preissteigerungsrate), was wiederum bedeutet: Steigende Inflation und steigende Zinsen führen zu fallenden Kursen. Aber Achtung: Betrachten Sie die Zinsen nicht als absolutes Maß. Es gibt zig Beispiele, in denen Aktien und Zinsen gleichzeitig gestiegen sind.

Liquidität

Die Liquidität ist der Treibstoff des Börsenmotors. Ohne Geld läuft an den Aktienmärkten nichts. Was verstehen wir unter Liquidität? In der Börsensprache bedeutet sie nichts anderes als die gesamte Geldmenge, die für Börsen-Investitionen zur Verfügung steht.

Diese Abgrenzung ist wichtig, da die Gesamt-Liquidität aller Haushalte sehr viel größer ist. Nur ein kleiner Teil davon fließt in die Aktienmärkte.

Die allgemeine Einstellung zum Geld hat sich in den letzten Jahren bereits etwas gewandelt und wird sich auch in Zukunft noch erheblich verändern. Risiko wird zunehmend akzeptiert, viele jüngere Menschen sind inzwischen bereit, ihr Geld an der Börse anzulegen. In jungen Jahren zu investieren ist das Beste, was man tun kann. Die Zeit läuft für einen – und Zeit ist an der Börse einer der wichtigsten Faktoren überhaupt.

Zum Thema Liquidität sollte ein Punkt nicht unerwähnt bleiben: Ein großer Teil des Geldes am deutschen Aktienmarkt kommt aus dem Ausland. Ausländische Investoren verfügen über ungeheure Geldmengen.

Konjunktur

Es ist selbstverständlich, daß der gesamtwirtschaftliche Verlauf die Kurse an den Aktienbörsen beeinflußt und prägt. Bei Aktieninvestitionen müssen wir dringend unterscheiden zwischen

- Gesamtkonjunktur und
- Branchenkonjunktur.

Diese beiden Punkte sind zwingend klar zu trennen. Geht es mit der Gesamtkonjunktur bergauf, ist das noch längst keine Garantie für einen steigenden Gesamtmarkt. Einzelne Branchen können fallen, andere überproportional steigen.

Nehmen wir nur das Jahr 1996 als Beispiel: Die Konjunktur zieht an – und mit ihr auch die meisten Branchen. So loten beispielsweise die Aktien aus den Branchen Automobil, Chemie oder Versorgung neue Höchstkurse aus.

Ganz anders sieht die Lage hingegen im Baugewerbe aus. Die Bauunternehmen haben massive Probleme, die sich im Aktienkurs widerspiegeln. Die Bau-Aktien sind trotz anziehender Konjunktur noch längst nicht über den Berg.

Neben dem Blick auf die Gesamtkonjunktur ist es für den Anleger also äußerst wichtig, die Branche, in die er investieren möchte, unter die Lupe zu nehmen.

Zusammenfassend kann man sagen: Politik, Zinsen, Konjunktur, Liquidität und Inflation beeinflussen die Börse in ganz entscheidendem Maße. Außerdem achten Börsianer bei ihren Anlageentscheidungen auf Faktoren wie Währungsrisiken, auf die allgemeine Stimmung an der Börse, auf die Zukunft »ihres« Unternehmens, aber auch auf die Rohstoffpreise. In einem späteren Kapitel wird dargestellt, daß es auch Aktien gibt, die langfristig nur eine Richtung kennen, und zwar nach oben, völlig egal, wo die Zinsen stehen und stehen werden, völlig egal, welcher Politiker welche Aussage trifft.

Börsengewinne: Zufall oder Können?

Wer findet den richtigen Weg durch den Börsendschungel? Kann man die Börse überhaupt analysieren, oder muß man sich mit reiner Intuition zufriedengeben? Zweifelsohne bietet das hochkomplexe System Börse vielfältige Perspektiven und Ansatzmöglichkeiten. Für welchen Standpunkt der Analyse man sich entscheidet, hängt vom subjektiven Standpunkt ab, von beruflicher Ausbildung sowie von Börsen- und Lebenserfahrung. Auch eine Kombination verschiedener Ansätze ist denkbar. Dieses Kapitel soll einen kurzen Überblick über die wichtigsten und am häufigsten angewandten Analyseformen geben.

Die Fundamentalanalyse

Volkswirtschaftlich orientierte Fundamentalanalysten untersuchen den Zusammenhang von Börsen- und Konjunkturzyklus, Betriebswirtschaftler erarbeiten das Kurs-Gewinn-Verhältnis einzelner Unternehmen, außerdem sind Unternehmensbilanzen und Branchenanalysen ihre bevorzugten Objekte.

Im einzelnen gehören zur Fundamentalanalyse Untersuchungen wie:

– *Produkte und Märkte*
Welcher Art sind die Produkte des Unternehmens? Verkaufen sie sich gut?

Wo besitzt das Unternehmen Marktanteile?
Kann der Konzern diese in Zukunft ausbauen?

– *Management*
Wie arbeitet das Management?
Wurden in den letzten Jahren entscheidende Fehler gemacht?

– *Unternehmensdynamik*
Wächst das Unternehmen?
Wird der Gewinn gesteigert?

– *Stellung des Konzerns innerhalb der Branche*
Gibt es ein anderes Unternehmen, das die gleichen Produkte besser und billiger anbietet?
Wie kommt das Unternehmen mit Konkurrenzdruck zurecht?

– *Finanzlage, Liquidität, Rentabilität*
Geht es dem Konzern finanziell gut, oder ist er verschuldet?
Wieviel Bargeld ist in der Kasse?
Erzielt das Unternehmen überhaupt einen Gewinn?
Wie hoch ist das Eigenkapital?

– *Auftragseingang*
Sind die Auftragsbücher voll?
Werden auch in Zukunft noch Aufträge kommen?
Wenn ja, eher mehr oder weniger?

– *Kapazitätsauslastung*
Ist das Unternehmen produktiv, sind die Kapazitäten ausgelastet?

Machen wir uns nichts vor: Selbst die umfassendste Analyse kann nicht vollständig sein, denn sie beschreibt exakt immer nur den vergangenen Zeitraum bis zum Ist-Zeitpunkt. Eine gewisse Kritik bleibt deshalb stets berechtigt.
An viele Daten und Fakten, die wichtige Rückschlüsse liefern könnten, kommt man in der Regel nicht heran. So ist etwa der Stand der Forschung für eine ganze Reihe von Unternehmen entscheidend für den künftigen Erfolg. Wird ein Durchbruch erzielt – etwa in der medizinischen Forschung –, kann der Aktienkurs explodieren. Kein Analyst der Welt kann das vorhersehen, er könnte allenfalls auf eine solche Situation spekulieren. Die Erfahrung lehrt, daß selbst die beste und umfangreichste Fundamentalanalyse noch keine Wunderwaffe zum Börsenerfolg ist.

Dennoch: Eine Fundamentalanalyse bietet dem auf Sicherheit bedachten Anleger eine solide Grundlage für seine Entscheidungen mit dem Ziel, erfolgreich an der Börse zu sein.

Die Chartanalyse

Mit der fundamentalen und der charttechnischen Analyse treffen zwei Welten aufeinander. Der Charttechniker analysiert eine Aktie aufgrund des Kursverlaufes.

Da über die Charttechnik schon ganze Bücher geschrieben wurden, beschränke ich mich hier lediglich auf die Erklärung der Grundidee.

»The trend is your friend«

Die einfachste Methode der Chartanalyse ist die Trendfolge. Der Chartanalyst sucht nach solchen Aktien, deren Kursverlauf seit vielen Jahren kontinuierlich steigt. Er sagt sich, daß eine Aktie, deren Kurs seit Jahren nur steigt, ein gutes Unternehmen repräsentieren muß.

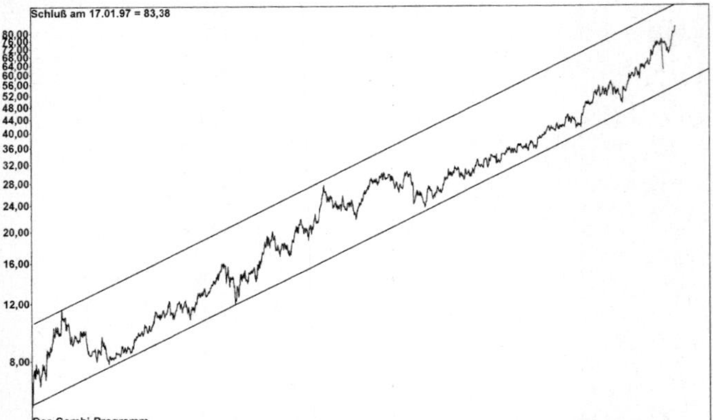

Diese Aktie kennt nur eine Richtung: nach oben!
(Chart von Aktie, langfristig nach oben, Trendlinie eingezeichnet)

Wenn ein Unternehmen es schafft, über viele Jahre den Kurs kontinuierlich zu steigern, dann spricht viel dafür, daß dieses Unternehmen auch in Zukunft erfolgreich sein wird.

Die Bodenbildung

Charttechniker suchen bevorzugt aber nicht nur nach Aktien, die kontinuierlich steigen, sondern auch nach solchen, die tief gesunken sind.

Hat der Charttechniker eine Aktie gefunden, die seit Jahren nur fällt, dann wartet er so lange, bis sich im Kurs ein sogenannter »Boden« bildet. Dies bedeutet in der Praxis, daß der Kurs nicht mehr weiter sinkt, das heißt, die Verkäufer haben abgenommen, und immer mehr Käufer steigen wieder ein.

Für den Charttechniker stellt eine solche »Bo-

Wie geht es weiter?
(Chart von zyklischer Aktie, die am unteren Zyklus ist)

denbildung« eine ideale Kaufgelegenheit dar. Gelingt es einem, eine Aktie nach einem langen Fall in der Nähe des Tiefstkurses zu erwischen, winken in der Tat die größten Gewinne.

Weitere Begriffe, die für den Charttechniker von großer Bedeutung sind, heißen Doppeltief, W-Formation, Hoch, Doppelhoch, Wimpel, Flaggen, Kopf-Schulter-Formation usw. usw.

Drei große Gruppen von Aktien

1. Spekulative Aktien

Das Motto vieler Börsenneulinge heißt: »Verdoppeln ist das mindeste!« Mit dieser Erwartung steigen die meisten in das Börsengeschäft ein und legen sich mit dieser Strategie automatisch die riskantesten Aktien ins Depot. Die guten, soliden Werte werden leider konsequent ausgefiltert und vernachlässigt.

Erinnern Sie sich noch an die berühmte AEG-Story? Der Elektrokonzern stand Anfang der achtziger Jahre kurz vor der Pleite. Die Aktie war bis auf 30 Mark gefallen, die Aktionäre mußten jeden Tag mit einem Konkurs rechnen. Plötzlich sorgte die überraschende Übernahme durch Daimler-Benz für eine Wende: Die AEG-Aktie verzehnfachte sich, der Kurs kletterte von 30 auf 300 Mark.

Es ist nur zu verständlich, wenn Anleger bei

527100 BREMER VULKAN VERBD I.K.

dieser Kursentwicklung noch heute ins Schwärmen kommen. Solch eine Wende wie bei AEG nennen Börsen-Profis einen gelungenen »Turn-Around«. Seit dieser Zeit versuchen Tausende von Spekulanten mit unzähligen »Turn-Around-Spekulationen« einen neuen Volltreffer zu landen.

Damit sich eine Aktie als Turn-Around-Wert »qualifizieren« kann, muß das dahinterstehende Unternehmen in die totale, das heißt existenzbedrohende Krise abgleiten. Das Motto der Spekulanten heißt dann: Billig kaufen – teuer verkaufen.

In der Theorie ein Kinderspiel – in der Praxis ungemein schwer. Die Statistik beweist: Die meisten Turn-Around-Spekulationen gehen nicht auf. Aus dem Motto »Billig kaufen – teuer verkaufen« wird dann sehr schnell: »Billig kaufen –

noch billiger verkaufen«. Das Geld des Anlegers ist fast verloren, was bleibt, ist die Hoffnung auf bessere Kurse. Unzählige Turn-Around-Aktien entwickeln sich im Laufe der Jahre zu Kellerleichen. Vorsicht: Auch ein Totalverlust des eingesetzten Kapitals ist hier nicht ausgeschlossen.

Den Beweis lieferte die Aktie der Bremer Vulkan-Werft. Seit Jahren ist die Bremer Vulkan-Aktie ein Lieblingskind der Spekulanten. Wer hätte schon gedacht, daß dieses Traditionsunternehmen einmal Konkurs anmelden würde?

2. Zyklische Aktien

Zyklische Aktien sind in erster Linie Aktien von solchen Unternehmen, die in besonderem Maß von der Konjunktur beziehungsweise der wirtschaftlichen Lage abhängig sind. Gleich an dieser Stelle sollten wir festhalten: Die meisten Unternehmen – und somit auch die meisten Aktienkurse – sind von der jeweiligen konjunkturellen Lage abhängig. Die Aktie eines Automobilbauers kann niemals eine so kontinuierliche Kursentwicklung wie eine Pharma-Aktie aufweisen. Bei den Automobilherstellern wechseln Phasen der Kurzarbeit mit Zeiten, in denen Überstunden nötig werden, was sich unmittelbar auf den Aktienkurs auswirkt, und gerade deshalb sind Automobilwerte wie Daimler-Benz oder VW für den Daueranleger weniger geeignet.
Neben den Automobilherstellern gibt es natür-

(Chart Daimler-Benz)
Seit Jahren machen Anleger eine Berg-und-Tal-Fahrt mit!

lich weitere, extrem konjunkturabhängige Unternehmen. Diese Konzerne finden wir in der Regel in Branchen wie Stahl, Papier, Maschinenbau oder im Baugewerbe.

Trotz aller Schwankungen muß man nicht grundsätzlich die Finger von den »Zyklern« lassen. Im Gegenteil: Gerade starke Schwankungen haben auch ihre Vorteile. Für aktive Börsianer bieten solche Papiere überdurchschnittliche Gewinnchancen.

Eine Grundvoraussetzung für eine Spekulation mit zyklischen Aktien ist, daß Sie sich nur für erstklassige Unternehmen entscheiden. Verwechseln Sie zyklische Aktien wie Daimler-Benz, Siemens oder Lufthansa nicht mit hochspekulativen Papieren wie Bremer Vulkan, Euro-Disney, Euro-Tunnel oder Olivetti.

Worin liegt nun die Gefahr bei der Investition in zyklische Aktien? Das größte Problem bei zyklischen Aktien ist nicht das Verlustrisiko, sondern das Ausloten des richtigen Kauf- und Verkaufszeitpunktes. Hat sich ein Anleger für den Kauf eines Zyklers entschieden, braucht er in erster Linie Geduld und Disziplin.

Während man bei zyklischen Aktien auf die Trendwende warten muß, steigen die Kurse anderer Aktien oft fröhlich nach oben. Wer in solchen Fällen hektisch wird, gehört von vornherein zu den Verlierern und sollte sich auf eine andere Anlagestrategie konzentrieren.

Entscheidend bei den zyklischen Aktien ist also das Timing. Wer infolge übertrieben optimistischer Prognosen verfrüht investiert, steht nicht selten vor einer schier unüberwindbaren Dürrezeit. Mehr als für alle anderen Anleger gilt für Zykler-Fans: »Wer zu *früh* kommt, den bestraft das Leben.« Was folgt, ist eine unermeßliche Wartezeit. Wer in konjunkturabhängige Unternehmen investiert, darf niemals Daueraktionär werden, wenn er Geld verdienen will.

3. Wachstumsaktien

Für geduldige Investoren sind Wachstumsaktien die pflegeleichtesten Aktien, die man sich vorstellen kann. Man kauft sie, läßt sie liegen und gibt sie nicht mehr weiter. Erinnern Sie sich noch an die Einleitung zu diesem Buch? An Börsenguru Kostolany und seine Strategie: Kaufen – Liegenlassen – Reich werden!?

Diese Strategie funktioniert jedoch nicht mit spekulativen oder zyklischen Aktien, sondern nur mit Aktien aus der Gruppe der Wachstumswerte.

Was ist das für eine seltsame Strategie, werden jetzt einige Spekulanten fragen. Der Chart von Coca-Cola gibt die Antwort:

Acht Jahre Coca-Cola – der Traum eines jeden Anlegers.

Das sei eine Ausnahme, werden nun die meisten argumentieren. Nicht so falsch, denn erstklassige Wachstumswerte nehmen in der Tat eine Ausnahmestellung unter den Aktien ein. Man sucht sie auf dem Kurszettel wie die berühmte Stecknadel im Heuhaufen, es ist aber durchaus möglich, sie zu finden. Deshalb gleich die nächste »Ausnahme«: Gilette! Die Aktie beeindruckt durch konstantes Wachstum!

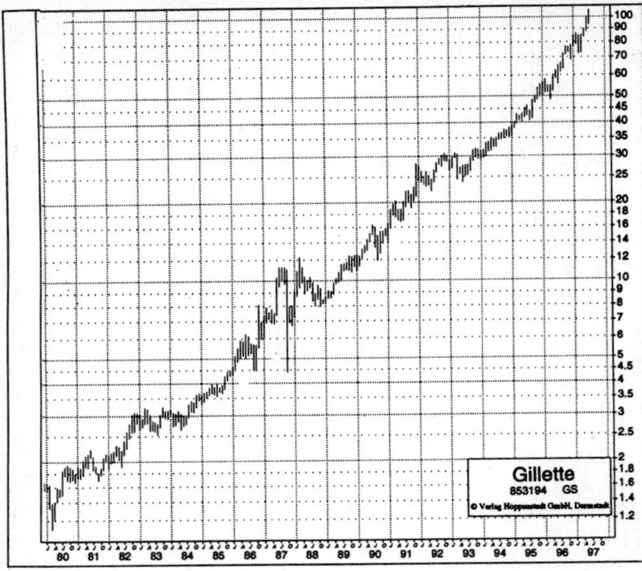

Die Gilette-Aktie beeindruckt durch konstantes Wachstum!

Seit Jahren bewegen sich die Wachstumsaktien in einem kontinuierlichen Aufwärtstrend. Selbst die Kursverluste beim Börsencrash 1987 wurden binnen kürzester Zeit wieder wettgemacht und durch neue Höchstkurse übertroffen..

Nirgendwo in der Wirtschafts- und Börsenwelt ist Gesetzmäßigkeit garantiert, auch nicht bei Wachstumsaktien. Aber diese erstklassig geführten Unternehmen zeigen, was an der Börse möglich ist und wo ein Investment lohnt.

Es ist kaum zu erwarten, daß Managementqualitäten solcher Top-Konzerne schlagartig nachlassen, die sich über Jahrzehnte bewährt haben.

Und auch die Märkte werden in den nächsten Jahren nicht kleiner, man denke nur an das Potential im asiatischen Raum.

Was ist nun eine Wachstumsaktie?

Die Antwort ist eindeutig: Es handelt sich um Unternehmen, die nicht erst seit wenigen Jahren, sondern seit Jahrzehnten kontinuierlich Umsatz, Gewinn, Dividende und somit auch den Aktienkurs steigern. Der Aktienkurs und der daraus entstandene Chart spiegeln nichts anderes als die Geschäftsentwicklung – eine Art Lebenslauf – eines Konzerns wider. Hierbei handelt es sich von vornherein um konjunkturunabhängige Unternehmen.

Unter den echten Wachstumsaktien werden Automobilhersteller, Bauunternehmen oder Maschinenbauer fehlen. Diese Branchen sind extrem konjunkturabhängig, was sich im Aktienkurs niederschlägt. Zu den Wachstumsbranchen gehört jedoch die Pharmazie. Das Prinzip ist leicht zu erklären: Den Autokauf verschiebt man in schlechten Zeiten ganz gern – Medikamente hingegen braucht man sofort.

Wenn wir eine Aktie erwerben wollen, die wir mit Gewinn verkaufen können, dann brauchen wir nur Unternehmen zu suchen, die auch in Zukunft erfolgreich sein werden. Die Kursgewinne kommen dann von selbst. Für den langfristigen Erfolg im Aktiengeschäft ist also weniger entscheidend, welche Partei gerade die Regierung stellt oder wie die nächsten Wahlen ausgehen werden.

Auch die Frage nach der zukünftigen Entwicklung der Zinsen ist nicht so wichtig, wie allgemein angenommen wird. Die wichtigste Voraussetzung für den Erfolg im Börsengeschäft wird leider selbst von vielen Fachleuten vernachlässigt: Es sind die Produkte des Unternehmens, denn nur sie bringen diesem Umsatz und Gewinn.

Seit Jahren kennt die Aktie der Fast-food-Kette McDonald's nur eine Richtung: nach oben. Warum? Weil das Produkt stimmt! Man braucht kein Hellseher zu sein, um zu erkennen, daß das auch in Zukunft nicht anders sein wird. Man denke dabei auch hier wieder an die noch weitgehend unerschlossenen Märkte im asiatischen Raum.

Selbstverständlich können sich auch Wachstumsaktien einer allgemeinen Korrektur nicht entziehen. Der Unterschied: Wenn das Produkt stimmt und nicht konjunkturabhängig ist, dann erholt sich die Aktie eines Wachstumsunternehmens in der Regel schnell wieder von jedem Rückschlag und strebt neue Höhen an.

Lassen Sie sich von den Höchstständen der meisten Wachstumsaktien nicht verunsichern. Auch Ihr Berater oder ein guter Freund sollte Sie nicht vom Kauf eines solchen Papiers abhalten.

Das Argument »Die Aktie ist ja ganz oben und könnte fallen« gilt nicht, denn Wachstumsaktien

(Langfrist-Chart von McDonald's)
Der Aufwärtstrend ist eindeutig intakt!

waren schon *immer* ganz oben. Und fast jedes Jahr werden neue Höchststände erreicht. Wer auf eine Kurskorrektur dieser Aktien gewartet hat, um dann billiger zu kaufen, war oft schlecht beraten. Die betreffende Aktie ist weitergeklettert und hat neue Höchststände erreicht.

An der Börse ist es wie im täglichen Leben: Wer Qualität kaufen möchte, muß auch bereit sein, etwas mehr zu bezahlen. Beim Kauf von Wachstumsaktien ist es also nebensächlich, ob die Börse gerade hoch oder tief steht. Viel wichtiger ist, daß man diese Aktie überhaupt kauft.

Typische Wachstumsaktien sind Weltkonzerne wie Coca-Cola, Procter & Gamble, Gillette, Unilever, Royal Dutch, L'Oréal, BP, Elsevier, Beiersdorf, Schering, Veba oder Canon.

Was sagt uns das Kurs-Gewinn-Verhältnis?

Viel wird darüber geschrieben und spekuliert, ob dieser oder jener Aktienkurs zu Recht besteht, ob er übertrieben hoch sei oder gar zu niedrig. Zunächst einmal gilt: Der in der Tageszeitung abgedruckte Kurs ist – vorausgesetzt, es handelt sich nicht um einen Druckfehler – immer richtig.

Durch bestimmte Vergleichszahlen wie das Kurs-Gewinn-Verhältnis (KGV) werden Aktien etwas transparenter und damit vergleichbarer. Das KGV kann zwar keinen hundertprozentigen Anhalt bieten, dafür vermittelt es aber relative Sicherheit – was im Vorfeld einer Anlageentscheidung schon sehr viel wert ist.

Wer den Kursteil seiner Tageszeitung aufschlägt, sieht auf den ersten Blick billige und teure Aktien, mit anderen Worten, er wundert sich, warum eine Aktie 3000 DM kostet und eine andere nur 30 DM. Nur mit Hilfe des KGV kann der Anleger jetzt erkennen, daß eine 30-DM-Aktie teurer sein kann als eine Aktie zu 3000 DM.

Unbestritten ist der Gewinn eines Unternehmens die wichtigste betriebswirtschaftliche Erfolgskennziffer. Der Bilanzgewinn steht am Ende eines Geschäftsjahres fest und gibt eindeutig Auskunft über Erfolg oder Mißerfolg. Teilt man nun den Jahresgewinn eines Unternehmens durch die Anzahl sämtlicher Aktien, so erhält man den *Gewinn pro Aktie*. Damit kann man nun das Kurs-Gewinn-Verhältnis berechnen:

$$\text{KGV} = \frac{\text{Aktienkurs}}{\text{Gewinn pro Aktie}}$$

Bei dieser Berechnung werden die ersten Probleme schon erkennbar. Während der aktuelle Aktienkurs klar feststeht, ist der ebenso festliegende Gewinn eine Größe aus der Vergangenheit – nämlich aus dem letzten Geschäftsjahr. Dadurch verliert diese KGV-Berechnung etwas an Aussagekraft, denn der Anleger ist ja eher an der zukünftigen Entwicklung interessiert.

Um den Gesamtsachverhalt zu analysieren, muß man schätzen. Das ist die Aufgabe der Analysten aus den Banken, Anlageinstituten und Brokerhäusern. Sie schätzen die Gewinne der Unternehmen für das nächste und übernächste Jahr, wohl wissend, daß sie sich auf einem wackligen Untergrund befinden.

Die börsenpraktikable Formel des KGV lautet also:

$$\text{KGV} = \frac{\text{Aktueller Aktienkurs}}{\text{geschätzter Gewinn pro Aktie}}$$

Das Ergebnis dieser Rechnung ergibt einen Vergleichswert. Beträgt das KGV beispielsweise acht, so wird die Aktie mit dem achtfachen Jahresgewinn an der Börse bewertet; anders ausgedrückt: Der Börsenwert des Unternehmens ist exakt achtmal so hoch wie der erwartete Gewinn. Ein KGV von acht ist in der Regel ein recht niedriges.

Lautet das Ergebnis dagegen beispielsweise auf 30, kann man von einem hohen KGV sprechen. Der Börsenwert des Unternehmens ist 30mal so hoch wie der zu erwartende Gewinn. Richtig aussagekräftig wird diese Kennziffer aber erst, wenn man sie in Relation zu anderen Aktien derselben Branche setzt und dazu ein Gesamt-Branchen-KGV entwickelt.

Mit dem KGV waren oft tendenziell richtige Aussagen möglich. Ein Beispiel: Viele Analysten hatten vor dem japanischen Aktienmarkt gewarnt und dabei auf das im Weltvergleich deutlich über dem Durchschnitt liegende KGV verwiesen. Inzwischen wissen wir, daß die Warnungen berechtigt waren; die japanischen Aktien haben deutlich an Wert verloren und nun ein »normales« KGV erreicht.

Fazit: Das KGV ist eines der wichtigsten Anlagekriterien. Oft stellt es Ausgangspunkt und Kern einer Anlageentscheidung dar. Auf keinen Fall darf man es absolut setzen, denn es errechnet sich auf der Basis einer nur geschätzten Größe. Wer zum Niedrig-KGV-Fetischisten wird, verzichtet oft auf solide Substanztitel, die noch dazu gute Kurschancen haben. Unternehmen, die Verluste eingefahren haben und das wohl auch in Zukunft tun werden, haben kein KGV, denn wo kein Gewinn entsteht, kann es auch kein »Kurs-Gewinn-Verhältnis« geben.

Solche Aktien sollte man meiden, auch wenn das eine oder andere Papier einmal zum Börsenrenner der Saison werden kann. Letztlich zählt auch bei diesen Spekulationen nicht das Einzelergebnis, sondern immer nur der Saldo aller Geschäfte, und der ist leider negativ.

Teil III: Strategie

Start der Börsenkarriere

Das Depot ist eröffnet, etwas Geld schlummert auf dem Konto und will investiert werden. Jetzt kann es endlich losgehen. Im dritten Teil dieses Buches soll vorwiegend die Strategie der Aktienanlage erläutert werden.

Geld ist bekanntlich ein guter Freund, wenn man es zum Arbeiten losschickt. Es vermehrt sich, ohne daß man auch nur einen Finger rühren muß. Wenn Sie Ihr Geld in eine Anleihe investieren, haben Sie einen jährlichen Zinsertrag und brauchen weder Rasen zu mähen noch Autos zu waschen.

Nehmen wir Warren Buffet – mittlerweile einer der reichsten Männer Amerikas – als Beispiel. Er kam zu seinem Vermögen, indem er etwas Geld sparte und davon Aktien kaufte. Er begann, wie viele andere Jugendliche, mit dem Austragen von Zeitungen. Von diesem Verdienst kaufte er sich die ersten Aktien.

Buffet hält absolut nichts vom kurzfristigen Hinundherschieben des Kapitals. Buffet ist nicht über Nacht durch die Börse reich geworden, sondern erst über Jahrzehnte. Zeit und Geduld – im »Spiel der Spiele« ganz wichtige Erfolgsfaktoren. Eines seiner spektakulärsten Investments war sicherlich der Kauf von Coca-Cola-Aktien.

Im Juni 1988, einige Monate nach dem Crash,

stieg er ein. Über 10 Monate lang kaufte der Investor rund 90 Millionen Aktien des Unternehmens zum durchschnittlichen Kurs von 10,96 Dollar pro Aktie. Diese Papiere hat er noch heute – und er wird wohl kein Stück aus der Hand geben.

Mit ähnlich großer Geduld wurde Peter Lynch zum »Aktienguru«. Als Fonds-Manager der Gesellschaft Fidelity legte er 13 Jahre lang Kapital für Kunden an. Wer 1977 bei Lynch mit 10 000 Mark einstieg, besaß 1990 stattliche 280 000 Mark. Lynchs Motto: Halte durch – auch wenn die Kurse zwischenzeitlich fallen. Die Erfolgsformel ist einfach: Investieren Sie in solide Unternehmen und geben Sie Ihre Anteile nur aus einem wirklich guten Grund aus der Hand. Das kurzfristige Fallen der Kurse ist *kein* guter Grund!

Zum Aktienkauf brauchen Sie im Prinzip nur zweierlei Informationen: Die eine Art erhalten Sie, indem Sie Ihre Augen offenhalten, die andere ergibt sich durch die Überprüfung der Unternehmenszahlen. Informationen der ersten Art erhalten Sie jeden Tag.

Jedesmal, wenn Sie einen Laden betreten, einen Hamburger essen oder Schuhe kaufen, gewinnen Sie für die Aktienanlage wertvolle Eindrücke. Prüfen Sie, was sich gut verkauft und was weniger. Beobachten Sie Freunde und Bekannte. Welche Computer kaufen sie? Welche Getränke bevorzugen sie? Welche Kleidung ist gerade in? Sind Reebok's bequemer als die Schuhe von Nike? All diese Informationen sind der Schlüssel zu guten Aktien.

Keine Angst vor Auslandsaktien!

Man kann es eigentlich nicht oft genug sagen: Viele Anleger glauben noch immer, heimische Aktien seien die sichersten. Das ist falsch! Oftmals schlagen ausländische Papiere die deutschen Aktien um Längen.

In Ihrem Wertpapierdepot werden Sie auch einmal ausländische Aktien haben wollen. Ein Beispiel: Wenn Sie sich für IBM- und Fiat-Aktien entscheiden, brauchen Sie Ihren Auftrag nicht in New York und Mailand zu plazieren, Sie können spesengünstig in Frankfurt kaufen. Sehr viele ausländische Papiere werden in Deutschland gehandelt wie auch deutsche Aktien im Ausland. Warum also IBM und Fiat im Ausland kaufen, wenn die Papiere auch hier zu haben sind? Der Kauf direkt in New York oder Mailand würde unnötige Auslandsspesen verursachen. Wenn »Ihre« Aktie allerdings nicht in Deutschland gehandelt wird, bleibt Ihnen in diesem Fall nichts anderes übrig, als über Ihre Hausbank im Ausland zu kaufen.

Ein weiterer wichtiger Punkt sind die Umsätze. Vergleichen wir einmal die Umsätze einer Aktie wie Coca-Cola. An der Heimatbörse in New York werden börsentäglich über zwei Millionen Aktien gehandelt, in Frankfurt wechseln an schwachen Tagen gerade einmal 2000 Papiere den Besitzer.

Wenn Sie Ihrer Hausbank nun einen Auftrag zum Kauf von Coca-Cola-Aktien geben, will der

Bank-Berater in der Regel von Ihnen wissen, wo er kaufen soll. Um dies zu entscheiden, sollten Sie die Umsätze der betreffenden Aktien an der jeweiligen Börse kennen.

Ist der Umsatz spärlich und wollen Sie womöglich einen größeren Auftrag plazieren, empfiehlt sich der Kauf an der ausländischen Heimatbörse. Selbst wenn es Ihnen gelingt, ein umsatzschwaches Papier in Deutschland zu kaufen, müssen Sie sich spätestens beim Verkauf wieder mit den schwachen Umsätzen plagen, während Sie an der Heimatbörse sofort hätten verkaufen können.

Fassen wir noch einmal kurz zusammen: Für alle Aktienkäufe an einer deutschen Börse fallen dieselben Gebühren an, ganz gleich, ob es sich um ein deutsches oder ein ausländisches Papier handelt. Kaufen Sie hingegen im Ausland, wird zusätzlich ein ausländischer Makler in die Transaktion eingebunden – und der arbeitet schließlich auch nicht kostenlos. Wer größere Beträge anlegt und zudem eine langfristige Anlagestrategie verfolgt, der sollte Auslandskäufe nicht generell ablehnen, schließlich hat er an der jeweiligen Heimatbörse den entscheidenden Vorteil, seine Aktien jederzeit zum Tageskurs verkaufen zu können.

Das Währungsrisiko bei Auslandsaktien

Wenn Sie ausländische Aktien kaufen, gehen Sie immer ein Währungsrisiko ein! Völlig unerheblich ist es hierbei, ob Sie die betreffende Aktie in Deutschland auf DM-Basis oder im Ausland in der jeweiligen Landeswährung kaufen. Die Währung spielt bei ausländischen Aktien immer eine entscheidende Rolle. Dies ist aber kein Grund, auf Auslandsaktien zu verzichten. Im folgenden sollen neben den Währungsrisiken auch die Währungschancen aufgezeigt werden.

Angenommen, Sie beschließen den Kauf einer US-Aktie, die an der Heimatbörse in New York für 100 Dollar gehandelt wird. Wenn wir weiter davon ausgehen, daß der Wechselkurs des Dollars 1,80 DM beträgt, dann kostet diese Aktie hierzulande 100 x 1,80 = 180 DM.

Es ist also völlig gleichgültig, ob Sie diese US-Aktie in den USA auf Dollar-Basis oder an einer deutschen Börse auf DM-Basis kaufen. In beiden Fällen zahlen Sie für die 100-Dollar-Aktie hierzulande 180 DM.

Wenn Sie Ihre Bank beauftragen, die US-Aktie direkt in New York zu kaufen, dann erhalten Sie in der Tat eine Dollar-Abrechnung über 100 Dollar pro Aktie. Ihr Girokonto wird selbstverständlich mit dem DM-Betrag belastet, weil Ihre Bank die Dollar-Rechnung aus den USA zum jeweiligen Wechselkurs in DM umrechnet.

Steigt die von Ihnen gekaufte US-Aktie in New York von 100 auf 200 Dollar, kostet die Aktie in

Deutschland auf DM-Basis 200 x 1,80 = 360 DM (immer vorausgesetzt, der Dollar/DM-Wechselkurs steht unverändert bei 1,80).

Damit der Einfluß der Währung auf den Aktienkurs deutlich wird, lassen wir den Dollar in unserem Beispiel auf 2 Mark steigen. Mit unserer US-Aktie passiert nun folgendes: Sie wird in den USA unverändert zu 100 Dollar gehandelt, der Kurs in Frankfurt erhöht sich nun aber auf 200 Mark. Hintergrund dieses Anstiegs ist in diesem Fall also nicht der Kursgewinn der Aktie, sondern der Kursgewinn der Währung.

Natürlich geht es auch anders: Die Aktie bleibt bei 100 Dollar stehen, der Kurs des Dollar gegenüber der D-Mark geht jedoch von 1,80 auf 1,50 DM zurück. Obwohl der Aktienkurs in den USA nicht gefallen ist, wird sie in Deutschland nur noch zu 150 Mark gehandelt (100 Dollar mal 1,50). Neben der Betrachtung des Aktienkurses müssen wir also auch die jeweilige Landeswährung berücksichtigen. Steigt diese, winken uns zusätzliche Gewinne. Bei fallender Währung ist es umgekehrt.

Ein großes Risiko besteht deshalb beim Kauf von Aktien aus sogenannten Weichwährungsländern wie Polen, Tschechien, Ungarn, der Türkei, Mexiko, aber auch Italien. Wer solche Aktien kauft, erzielt nur einen Gewinn, wenn die Aktie schneller und stärker steigt, als der Wechselkurs der Devise zur Mark fällt.

Aktien aus diesen Weichwährungsländern sollten niemals den Grundstock in Ihrem Depot bilden. Betrachten Sie solche Papiere allerhöchstens als »spekulative Beimischung«, und beschränken Sie sich hierbei auf höchstens eine Aktie. Alles andere macht Ihre gesamte Anlage zu spekulativ.

Was Anfänger (und Profis) oft falsch machen

»Aus Fehlern lernt man!« – Das gilt auch an der Börse. Wer zumindest die ganz groben Fehler vermeidet, legt schon einmal den Grundstein zum Börsenerfolg.

1. Nicht zu viele Aktien kaufen!
Schneller, als man zunächst glaubt, liegen 20, 30 und mehr verschiedene Aktien im Depot. Man sieht hier eine Chance und dort schon die nächste, kauft alles, was empfohlen wird. Viel wichtiger als die Quantität ist jedoch die Qualität. Für die Börsenpraxis bedeutet das: Wer mit 10 Aktien keinen Gewinn erzielt, der schafft es auch nicht mit 20 oder noch mehr Papieren. 10 Aktien lassen sich leichter verfolgen, zudem kann der Anleger schneller reagieren. Eine Ausnahme bilden sehr große Depots mit siebenstelligen Beträgen.

2. Nicht alles auf eine Karte setzen!
Wer alles auf eine Karte setzt, geht automatisch ein großes Risiko ein. Selbst die beste Aktie durchläuft einmal eine Schwächephase, und da-

durch gerät das gesamte Depot unter Druck. Eine etwas breitere Streuung – und damit meine ich etwa 8 bis 10 verschiedene Aktien – gleicht den Verlust einer Aktie locker aus. Das Depot gewinnt an Stabilität und hat immer noch allerbeste Gewinnchancen.

3. Nicht zu schnell entscheiden!
Man erhält einen Tip, eine Empfehlung und kauft sofort. Sehr oft geht in solchen Situationen der Schuß nach hinten los. Besondere Vorsicht ist bei den »heißen Tips« angebracht, die sich häufig als »heiße Luft« erweisen. Man sollte jede Empfehlung, so gut es irgend geht, selbst noch einmal überprüfen. Zeit dafür bleibt allemal. Machen Sie sich Ihre eigenen Gedanken, denn eine gut durchdachte eigene Entscheidung ist durch nichts zu ersetzen. Ihr Motto kann nur sein: Erst informieren – dann investieren. Die Verantwortung für die Anlageentscheidung trägt jeder für sich selbst.

4. Nicht nur auf heimische Aktien setzen!
Einen typischen Fehler macht, wer nur auf deutsche Aktien setzt. Vor allem Börseneinsteiger sind der Meinung, deutsche Aktien seien sicherer als ausländische Papiere. Der Grund ist verständlich. Firmen wie Daimler-Benz, BASF, Siemens, Bayer oder Deutsche Bank sind einem einfach vertrauter als die meisten ausländischen Titel.

Inzwischen wissen Sie jedoch schon: Ein guter, bekannter Firmenname ist noch längst kein Garant für eine gute Aktie. Man muß Aktien objektiv betrachten. Dazu gehört vor allem die Kenntnis der bisherigen Geschäftsentwicklung, der Sitz der Firma ist zunächst zweitrangig.

Hat man beispielsweise ausschließlich deutsche Aktien im Depot und der deutsche Aktienmarkt befindet sich gerade auf Talfahrt, gerät das gesamte Depot unweigerlich dick ins Minus. Selbst Qualitätsaktien wie Deutsche Bank, Siemens oder Daimler-Benz geraten zu solchen Zeiten in den Abwärtstrend.

Mehr noch: Diese umsatzstarken Aktien leiden in der Baisse doppelt, da sie von ausländischen Investoren wie heiße Kartoffeln fallengelassen werden. Im Oktober 1990, also mitten in der Golfkrise, fiel auf, daß Papiere wie Siemens, Deutsche Bank oder Daimler-Benz die höchsten Tagesverluste zu verzeichnen hatten. Während deutsche Anleger in dieser Phase eher cool blieben, gaben die Ausländer große Mengen Material ab.

Ganz wichtig ist also: Der besonnene Investor macht sich nicht von der Entwicklung eines Landes abhängig, sondern verteilt seine Aktien in stabilen Märkten rund um den Globus. Ein durchdachter Länder-Mix macht das Depot nicht nur bunter, sondern in der Regel auch profitabler. Verluste in einem Land werden durch gute Performance in den anderen Ländern leicht wettgemacht.

5. Eine klare Zielsetzung haben!
»Ich will halt mal probieren, ob es klappt«, ist eine oft vertretene Meinung von Börsenneulingen. Es klappt nicht! Wer kein Ziel hat, weiß nicht, wohin er will – und kommt daher auch nicht an. Das gilt für alle Lebensbereiche und erst recht im komplexen Börsengeschäft.

Von der Tendenz her schon eine Spur besser, aber ebenso naiv im Gehalt ist die Aussage: »Ich will möglichst viel gewinnen.« Die Börse braucht Realisten. Neugierige und Träumer haben keine Chance. Auf gar keinen Fall sollte man versuchen, irgendwelchen märchenhaften Gewinnen nachzujagen. Gerade Anfänger sollten nur einen Schritt nach dem anderen machen. Setzen Sie sich ein realistisches Ziel, und wenn das erreicht ist, ein neues.

Wie Sie jede Aktie mit Gewinn verkaufen!

Jeder Anleger braucht für sein Aktienmanagement eine Strategie. Ohne eine vernünftige Taktik geht an der Börse absolut nichts. Folgenden Satz sollten Sie sich rot unterstreichen: *Die Anlage in Aktien ist eine langfristige Angelegenheit.*

Ob die Kurse heute fallen, kann dem Anleger langfristiger Papiere völlig egal sein. Er betrachtet seine Investition auf Jahre, ihn läßt das Tagesgeschäft völlig kalt. Keine Krise kann ihn aus der Ruhe bringen, vorausgesetzt, er hat Wachstumsaktien im Depot. Nur mit Aktien allerhöchster Qualität lassen sich dauerhafte Gewinne an der Börse erzielen.

Legen Sie nur solches Geld in Aktien an, das Sie auf absehbare Zeit nicht brauchen! Auf dieser Basis läßt sich ausgezeichnet investieren. Man lebt weiter wie bisher, geht zur Arbeit, fährt in den Urlaub, gestaltet seine Freizeit so angenehm wie eben möglich. Kurzum – all das darf nie durch irgendwelche Börsenabenteuer tangiert werden. Jede Art von Kredit-Engagement ist absolut tabu! Wer gegen diese Grundregel verstößt, gerät unweigerlich irgendwann in einen Engpaß. An der Börse wurden schon Haus und Hof verloren. Gefährden Sie also niemals Ihre Existenz durch gewagte Börsenabenteuer!

Gehen Sie nie ohne Reserven an den Aktienmarkt. Ein wesentliches Kennzeichen eines weitblickenden Investors ist, daß er immer etwas Bargeld auf der hohen Kante hat. Nur wer so vorgeht, kann bei tieferen Kursen nachkaufen. Eine Barreserve ist eine unabdingbare Voraussetzung jeder soliden Geldanlage.

Kommt es nach dem ersten Aktienkauf statt zu dem erhofften Gewinn zunächst einmal zu einem Kursrückgang, dann zeigt sich, wie wichtig die Auswahl der Aktie ist. Nur bei erstklassigen Unternehmen ist ein Nachkauf sinnvoll, bei Aktien zweiter oder dritter Klasse ist das viel zu riskant, schließlich ist es nicht absolut sicher, daß das Unternehmen die Krise übersteht.

Beim Nachkaufen sollte folgendes beachtet

werden: Erst bei einem Minus von mindestens 20 Prozent sollte erstmals nachgekauft werden. Vorteil des Nachkaufs: Sie sind bei steigenden Kursen schneller wieder im Gewinn.

Wer seine Anlagestrategie strikt nach diesen Regeln des »Königswegs« ausrichtet, wird letztlich jede Aktie nur mit Gewinn verkaufen.

Wie setzt sich ein erfolgreiches Aktiendepot zusammen?

Was raten wir einem Börsenneuling, der uns die berühmte 100000-DM-Frage stellt – nämlich: Wie soll ich aus aktueller Sicht 100 000 DM anlegen? Die Antwort hierauf ist einfach. Wir gehen dazu ganz systematisch vor.

10 Aktien sind ideal

Wir teilen den Betrag in zehn gleiche Teile zu jeweils 10 000 DM auf und erwerben hierfür zehn verschiedene Aktien.

Auf die Ländermischung achten

Um das Risiko klein zu halten, erwerben wir Aktien aus verschiedenen Ländern. Dazu gehören in erster Linie Aktien aus den USA, danach folgt Europa einschließlich Deutschland und zum Schluß noch ein Rest in Asien, Japan oder Australien.

Auf die Branchenmischung achten

Wenn Sie wohl auf eine ausgewogene Mischung der Länder achten, aber von jedem Land beispielsweise nur Pharma-Aktien kaufen, macht das nicht viel Sinn. Schließlich verläuft die Kursentwicklung innerhalb derselben Branche oft gleichförmig. Geht es zum Beispiel bei der amerikanischen Merck oder Warner Lambert nach unten, dann können sich diesem Trend meist auch die europäischen Pharma-Aktien wie Schering oder Glaxo nicht entziehen.

Auf die Qualität achten

Langfristig sind Sie als Anleger mit erstklassigen internationalen Wachstumsaktien am erfolgreichsten. Meiden Sie alle Nebenwerte, Spezialaktien, Turn-Arounds. Sie haben dort wohl kurzfristig hin und wieder eine größere Chance, per Saldo aber liegen Sie mit Qualitätstiteln allemal besser.

5 von 10 aus den USA

Von 10 Aktien in Ihrem Depot dürfen ohne weiteres 5 Titel aus den USA kommen. In den USA haben nun mal die erfolgreichsten Konzerne der Welt ihren Sitz. Aktien von der Qualität einer Boeing, Exxon, Procter&Gamble, Gillette, Schering-Plough, Walt Disney oder Philip Morris findet man kaum auf einem anderen Kontinent.

3 bis 4 aus Europa
Natürlich dürfen in einem erfolgreichen Aktiendepot auch europäische Aktien nicht fehlen. In die Gruppe der Aktien mit der höchsten Qualitätsstufe gehören Firmen wie L'Oréal, Unilever, BP, Carrefour, Veba, Schering, Viag, Beiersdorf oder Glaxo.

1 bis 2 aus Japan oder Asien
Über Aktien aus Japan und erst recht Südostasien gehen die Ansichten weit auseinander. Deshalb sollte man hier auch nicht so sehr auf das Land schauen, sondern auf das Unternehmen. Mit Canon beteiligen Sie sich beispielsweise an einem der erfolgreichsten High-Tech-Unternehmen der Welt, und mit einer Bankaktie aus Singapur profitieren Sie vom Wachstum in der Tigerländern.

Neue Aktien braucht das Land

Jedes Jahr entschließen sich hierzulande zahlreiche Unternehmen, als Aktiengesellschaft erstmals neu an die Börse zu gehen. Ein solcher Börsengang wird stets von einer gewaltigen Werbekampagne begleitet. Die Börseneinführung der Deutschen Telekom ist sicherlich den meisten Lesern noch in lebendiger Erinnerung. Wer derartige Werbespots lange genug hört, hat bald das Gefühl, er versäume etwas, wenn er die neuen Aktien nicht kauft.

Bieten neue Aktien tatsächlich höhere Gewinne als die etablierten Werte? Betrachten wir uns hierzu einfach einmal die Kursentwicklung neuer Aktien. Wie sieht eine solche Bilanz aus?

Von 50 neuen Aktien, die zuletzt neu an die Börse gegangen sind, lagen nach 12 Monaten 30 Aktien im Gewinn und 20 Werte im Minus. Zu den erfolgreichsten Neuemissionen gehörten Firmen wie bespielsweise die frühere Hoechst-Tochter SGL Carbon, die Parkhausgesellschaft Apcoa, der Sportschuhhersteller adidas und das Pharmaunternehmen Schwarz-Pharma. Diese vier Aktien schafften nach der Börseneinführung sogar eine Verdoppelung.

Solch hohen Einzelgewinnen stehen jedoch leider auch erhebliche Schieflagen gegenüber. So verbuchten Aktien wie Alno-Küchen, Ravensberger Bau, Praktiker-Baumärkte oder Markant-Südwest nach der Börseneinführung erst mal zwischen 20 und 80 Prozent Verlust.

Ein Anleger, der ausnahmslos jede Neuemission geordert hat, verzeichnete somit trotz hoher Einzelgewinne per Saldo nach einem Jahr dennoch nur eine Durchschnittsrendite zwischen 10 und 20 Prozent.

Um entscheiden zu können, ob eine solche Rendite gut oder weniger gut ist, muß zunächst die allgemeine Kursentwicklung an der Börse im gleichen Zeitraum betrachtet werden.

In diesem Vergleichs-Zeitraum herrschte an der Börse allgemein ein erfreuliches Börsenklima. Das heißt, ein Anleger der sein Geld im gleichen Zeitraum statt in Neuemissionen ganz einfach in

Standard-Aktien wie beispielsweise Veba, RWE, BASF oder Beiersdorf angelegt hat und diese Aktien einfach liegen ließ, hat letztlich einen höheren Gewinn erzielt.

Gewinne mit neuen Aktien: Mehr Glück als Können

Bei den Statistiken über die Gewinne mit neuen Aktien handelt es sich leider um theoretische Zahlen. Das große Problem beim Kauf neuer Aktien ist nämlich, daß der Anleger entweder gar keine oder nur einige wenige Stücke bekommt. Es würde zu weit führen, an dieser Stelle auf die Zuteilungspraxis der jeweiligen Unternehmen beziehungsweise der beauftragten Banken einzugehen.

Fakt ist, daß für viele neue Aktien bis zu einhundertmal mehr Bestellungen vorlagen, als Aktien vorhanden waren. Die Banken und Emissionshäuser wußten sich deshalb nicht anders zu helfen, als die vorhandenen Aktien einfach zu verlosen.

Wer für 50 000 DM Aktien bestellt hatte, mußte froh sein, wenn er für 5000 DM welche bekam. Deshalb handelt es sich bei den häufig in der Presse veröffentlichten Traumgewinnen mit Neuemissionen leider nur um theoretische Gewinne.

Für die Berechnung der Wertentwicklung einer neuen Aktie sollte deshalb korrekterweise nicht der »Ausgabekurs« zugrunde gelegt werden, sondern der »erste« Aktienkurs. Dies ist der Kurs, zu dem die Aktie erstmals an der Börse gehandelt wurde. Schließlich konnte das breite Publikum, abgesehen von ein paar Glückspilzen, nur zu diesem Kurs die Aktie tatsächlich auch kaufen.

Legt man bei einer Statistik über die Wertentwicklung neuer Aktien nicht den Ausgabekurs, sondern den ersten Börsenkurs zugrunde, dann schneiden die meisten neuen Aktien sogar deutlich schlechter ab als etablierte Papiere.

Kann man bei Neuemissionen die Spreu vom Weizen trennen?

Natürlich werden jetzt die Profis im Börsengeschäft antworten, daß nur ein »Anfänger« jede Neuemission blind ordert. Der echte Profi überlegt sich vorher, welchen neuen Aktien er besonders gute Chancen einräumt, denn nur solche Aktien kauft er.

In der Tat hört sich dieses Argument sehr überzeugend an. Leider zeigt sich in der Praxis, daß gerade die erfolgreichsten Neuemissionen von den Profis eher zurückhaltend beurteilt wurden.

Wer hätte der Stuttgarter Parkhausgesellschaft Apcoa im Sommer 95 zugetraut, daß sich der Kurs ein Jahr später mehr als verdoppeln würde? Den Namen Apcoa kannte seinerzeit fast kein Mensch, und außerdem: »eine Parkhausaktie« – wo soll denn da die Kursphantasie herkommen?

»Da kann man sich auch gleich eine Garage kaufen und diese vermieten.« So und ähnlich lauteten damals die Argumente der Profis.

Auch SGL-Carbon, ein Spezialunternehmen für Industrietechnik, war nur wenigen Fachleuten bekannt. Als die 5-DM-Aktie zum stolzen Preis von 55 DM im Frühjahr 95 an die Börse kam, wurde sie vielfach als überteuert und dollarabhängig bezeichnet. In Deutschland fanden sich für den Titel fast keine Käufer. Die meisten der neuen SGL-Aktien wurden deshalb an ausländische Anleger verkauft. Ein Jahr später hatte sich der Kurs verdreifacht.

Dagegen wurden alle Neuemissionen der Praktiker-Baumärkte im Herbst 1995 allgemein in der Presse hochgelobt: Aufgrund der hohen Handwerkerlöhne entwickle sich Deutschland immer mehr zu einem Do-it-yourself-Land. Die hohe Arbeitslosigkeit sorge dazu für einen Boom beim Selbstbau. Nicht zuletzt wurden die Anleger »verrückt« gemacht, indem ihnen die Kursentwicklung des größten Wettbewerbers, der Hornbach-Baumärkte, in Erinnerung gerufen wurde. Tatsächlich hatte sich die Aktie von Hornbach innerhalb weniger Jahre verfünffacht.

Aus der erhofften Kursverdoppelung von rund 50 auf wenigstens 100 Mark wurde jedoch nichts. Im Gegenteil, der Aktienkurs fiel in den Keller und hat sich lange Zeit davon nicht erholt.

Auch ALNO, der Hersteller von Markenküchen, gehörte bei seiner Börseneinführung im Sommer 95 eher zu den Lieblingen der Analysten. Dennoch hatten die Anleger keine Freude mit der Aktie. Ein Jahr später hatte sich der Kurs sogar halbiert.

Selbst bei Aktien innerhalb derselben Branche driften die Kurse oft meilenweit auseinander. So gehörte beispielsweise die Neuemission Mühl-Baustoffhandel AG aus Leipzig mit 50 Prozent Wertzuwachs im ersten Jahr nach der Einführung zu den Börsengewinnern, während die Aktien der Creaton-Dachziegelwerke AG nach der Börseneinführung erst einmal um über 20 Prozent ins Minus rutschten. Und das, obwohl beide Firmen fast dasselbe Verkaufsprogramm führen.

Es hat deshalb schon seinen Grund, wenn man die Prognosen über die künftige Kursentwicklung von neuen Aktien nur mit Vorsicht genießen sollte. Schließlich verfügen die Aktienanalysten gerade bei jungen Unternehmen nur über relativ wenig Vergangenheitsdaten.

Dagegen kann selbst ein Laie ein etabliertes Unternehmen fast allein beurteilen. Wenn man sieht, daß eine Firma wie beispielsweise VEBA in den letzten 20 Jahren, Jahr für Jahr, Umsatz, Gewinn und Dividende kontinuierlich steigerte, dann spricht vieles dafür, daß auch weiterhin bei dieser Aktie die Chancen groß und die Risiken überschaubar sind.

Gerade solch lange historische Vergleiche fehlen bei Neuemissionen jedoch gänzlich. Deshalb besitzen neue Aktien in jedem Fall ein höheres Risiko, welches leider nur selten durch einen höheren Kursgewinn honoriert wird.

Neue Aktien im Vergleichstest

Unter den neuen Aktien der letzten Jahre befanden sich auch drei Pharmawerte: Schwarz-Pharma, Sanacorp und die deutsche Merck AG. Wer beispielsweise einen Betrag von jeweils 10 000 DM, insgesamt also 30 000 DM, in diese drei Pharmatitel investiert hat, für den errechnete sich zwei Jahre nach der Börseneinführung ein Gewinn von 15 000 DM oder 50 Prozent. Immer vorausgesetzt, er hat die Aktien bei der Börseneinführung auch tatsächlich erhalten.

Vergleichen wir nun einmal die Wertentwicklung dieser neuen Pharmaaktien mit einer Anlage in Aktien der etablierten Pharmakonzerne. Hierbei zeigt sich sehr schnell, daß selbst dieser relativ hohe Kursgewinn der neuen Pharma-Aktien innerhalb der Branche nichts Ungewöhnliches ist.

Vergleich: Merck (Deutschland) mit Merck (USA)

Die Aktien der deutschen Merck AG wurden erstmals 1995 zum Kurs von 54 DM neu an der Börse eingeführt. Rund 2 Jahre später hatte der Aktienkurs gerade mal die 60-DM-Hürde übersprungen. Kursgewinn somit 11 Prozent.

Wie sieht das Ergebnis dagegen für einen Anleger aus, der sich 1995 von der damaligen Werbung für die heimische Merck-Aktie nicht beeindrucken ließ, sondern auf den Weltmarktführer aus den USA setzte? Der größte Pharmakonzern der Welt ist die amerikanische Merck. Trotz der Namensgleichheit mit der deutschen Merck AG handelt es sich um zwei völlig selbständige Unternehmen und somit auch um zwei völlig verschiedene Aktien.

Die Aktie von Merck (USA) kostete zu dem Zeitpunkt, als die Merck (Deutschland) für 54 DM an der Börse eingeführt wurde, rund 75 DM. Doch wie sieht die Situation zwei Jahre später aus?

Der Aktienkurs von Merck (USA) ist um mehr als 70 Prozent, von 75 DM auf über 130 DM, geklettert. Dagegen bewegt sich unsere heimische Merck-Aktie – mit einem Wertzuwachs, wie schon erwähnt, von rund 11 Prozent – immer noch nahe dem Ausgabepreis aus dem Jahr 1995.

Eigentlich müßte das Ergebnis genau umgekehrt aussehen. Derjenige, der die riskantere neue Aktien kauft, müßte für sein Risiko mit einem höheren Gewinn belohnt werden. Dafür müßte die Rendite bei einem konservativen Anleger, der immer nur den Weltmarktführer seiner Branche kauft, niedriger ausfallen. Genau das Gegenteil ist jedoch der Fall.

Vergleich: Sanacorp-Pharma mit GEHE-Pharma

Interessant ist auch der Vergleich zwischen Sanacorp und GEHE. Bei beiden Firmen handelt es sich auch um Pharma-Aktien, allerdings nicht um Hersteller, sondern um Großhändler. Die Neuemission Sanacorp wurde 1996 an der Börse eingeführt. Das Unternehmen ging aus einer früheren Genossenschaft hervor, einem Zusammenschluß von 6000 Apothekern. Der größte Teil der Aktien wurde deshalb auch an die früheren »Genossen«, die Apotheker, verkauft. Dies war ein kluger Schachzug, schließlich geht man davon aus, daß die Apotheker ihre Waren bevorzugt bei dem Großhändler bestellen, bei dem sie selbst als Aktionäre beteiligt sind. Die Aktie startete deshalb auch fulminant und kletterte im Vergleichszeitraum um über 40 Prozent.

Obwohl ein solcher Gewinn in der relativ kurzen Zeit tatsächlich selten ist, wollen wir dennoch auch hier einen Branchenvergleich mit dem Weltmarktführer wagen. Diesmal kommt sogar der Weltmarktführer ebenfalls aus Deutschland. Wußten Sie, daß der größte Pharmagroßhändler der Welt eine deutsche Firma ist, mit Sitz in Stuttgart? Richtig, es handelt sich um die GEHE AG. Obwohl das Unternehmen Milliardenumsätze tätigt, ist es vielen Anlegern gar nicht bekannt.

Bei einer 40prozentigen Gewinnvorgabe konnte in der Tat auch der Weltmarktführer GEHE beim Wertzuwachs in einem solch kurzen

Vergleichszeitraum mit Sanacorp nicht mithalten. Schaut man sich jedoch den längerfristigen Wertzuwachs an, den GEHE seit Jahrzehnten seinen Aktionären beschert, dann werden die meisten Leser mit uns einig sein, daß sich Sanacorp schwertun wird, solche Wachstumsraten zu erreichen. Schauen Sie sich die Kursentwicklung der GEHE-Aktie selbst einmal an:

Kursentwicklung der GEHE-Aktie seit 1985:

1985:	DM	5,00
1988:	DM	10,00
1990:	DM	20,00
1992:	DM	30,00
1993:	DM	40,00
1994:	DM	50,00
1995:	DM	60,00
1996:	DM	80,00
1997:	DM	110,00

Lassen Sie diese Kursentwicklung auf sich wirken, und dann fragen Sie sich selbst: Wenn die Aktien des größten Pharmahändlers der Welt seit Jahrzehnten eine Kursentwicklung besitzen wie aus dem Bilderbuch, warum soll man da auf einen Newcomer mit ungewissem Ausgang setzen?

Verfolgen Sie deshalb selbst in nächster Zeit, ob es die Sanacorp-Aktie schafft, das hohe Anfangstempo durchzuhalten, oder ob über kurz oder lang nicht der Weltmarktführer GEHE auch beim Aktienkurs wieder den ersten Platz belegt.

Zumindest bis zum Redaktionsschluß dieses Buchmanuskripts hat Sanacorp die ersten Kursgewinne nach und nach wieder abgegeben und sich bereits bedenklich dem Ausgabekurs wieder genähert.

Was tun mit der T-Aktie?

In einem Kapitel über Neuemissionen darf natürlich die heimische Telekom nicht fehlen. Schließlich handelte es sich hier um ein Großereignis. Rund 400000 Deutsche wurden aufgrund der T-Aktie erstmals in ihrem Leben Aktionär. War der Kauf der T-Aktien, im nachhinein betrachtet, eigentlich eine gute oder eine weniger gute Entscheidung?

Bei der Beurteilung des Kursverlaufs muß man zunächst einmal entscheiden, welchen Kurs man zugrunde legt. Nimmt man den Ausgabekurs von 28,50 DM, errechnet sich selbstverständlich ein höherer Gewinn, als wenn man vom ersten Börsenkurs von 33 DM ausgeht.

Da die Telekom-Aktie jedoch zum Ausgabekurs von 28,50 DM nur in begrenzter Stückzahl zur Verfügung stand, haben wir auch hier das eingangs erwähnte Problem. Legen wir den Ausgabekurs in der Statistik zugrunde, kann man sich schnell »reichrechnen«.

In einem Punkt herrscht jedoch Einigkeit: Gleichgültig, ob man die Telekom-Aktie zum Einführungskurs von 28,50 DM erhalten oder anschließend im normalen Börsenhandel für 33 DM gekauft hat – jeder Aktionär hatte zunächst einmal kräftige Kursgewinne zu verzeichnen.

In den ersten beiden Jahren kletterte der Kurs deutlich über 40 DM hinaus und bescherte damit dem Aktionär einen Gewinn zwischen 25 und 40 Prozent, je nachdem, welcher Einstiegskurs zugrunde gelegt wird.

Allerdings ist damit noch längst nicht die Frage beantwortet, ob in Anbetracht dieses Kursgewinns die Telekom-Aktie nun eine gute oder eine weniger gute Anlage-Enscheidung war.

Hierzu müssen wir nämlich wie bereits in den vorangegangenen Beispielen von Merck und Sanacorp einen Branchenvergleich machen. Die entscheidende Frage lautet: Wie haben sich eigentlich die Aktienkurse anderer Telefongesellschaften im gleichen Zeitraum entwickelt?

In Deutschland werden insgesamt 20 Aktien von internationalen Telefongesellschaften auf DM-Basis gehandelt. Dazu gehören so bekannte Namen wie die amerikanische AT&T, die British Telecom, die spanische Telefónica oder die Telmex aus Mexico.

Aber auch Aktien von weniger bekannten Telefongesellschaften kann man problemlos auf DM-Basis in Deutschland kaufen. Hierzu zählen Titel wie Hongkong-Telecom, Stet aus Italien, Cable & Wireless aus England, Singapur-Telecom oder die dänische Tele-Danmark.

Sicher sind Sie jetzt schon gespannt, wie denn ein Vergleichstest zwischen den verschiedenen

Telefonaktien ausfällt. Knapp zwei Jahre nach Einführung der deutschen Telekom an der Börse verzeichnen internationale Telefonaktien im gleichen Zeitraum folgende Kursentwicklung:

Telebras Brasilien:	+50 %
Telefónica Spanien:	+40 %
Telmex Mexico:	+35 %
Hongkong Telecom:	+30 %
Sprint USA:	+25 %
British Telekom:	+25 %
Stet Italien:	+25 %

Allein dieser kurze Vergleich zeigt, daß die Kursgewinne mit der deutschen Telekom zwischen 25 und 40 Prozent keine besondere Leistung darstellen, sondern einfach die positive Entwicklung innerhalb der Telefonbranche widerspiegeln.

Grundsätzlich gilt für alle Telefonaktien: Der Telefonmarkt ist ein Wachstumsmarkt. Wer seine eigenen Telefonrechnungen über Jahre hinweg vergleicht, stellt selber fest, daß diese überdurchschnittlich steigen. Schuld daran sind nicht etwa nur allgemeine Preiserhöhungen, sondern vor allem das ständig steigende Angebot in der Telekommunikations-Branche.

Waren es früher überwiegend klassische Telefongespräche, die auf der Monatsrechnung auftauchten, so hat sich das geändert: Telefax, T-Online/BTX, Funktelefon und nicht zuletzt das Internet sorgen dafür, daß die Summe, welche jeden Monat von der Telekom unserem Girokonto belastet wird, von Jahr zu Jahr steigt.

Deshalb ist die Entscheidung für eine Telefon-Aktie für einen Anleger grundsätzlich positiv. Die Frage kann somit richtigerweise nur heißen: Telefon-Aktien ja, aber welche?

Auch in der Telefonbranche ist nicht alles Gold, was glänzt. Obwohl es sich um eine Branche handelt, die naturgemäß stärkeren Schwankungen unterliegt, findet man dennoch einige Titel, die seit Jahrzehnten ein kontinuierliches Wachstum aufweisen.

Mit dem Kauf der heimischen T-Aktie macht der Anleger deshalb nichts falsch; den höheren Wertzuwachs versprechen jedoch etablierte Telefonkonzerne. In Europa ist dies erstaunlicherweise die spanische Telefónica. Kein anderer Telefonkonzern verzeichnet seit Jahrzehnten derart kontinuierlich steigende Umsätze und Gewinne wie ausgerechnet die Spanier. Schauen Sie sich einmal die jüngste Entwicklung an.

Kursentwicklung Telefónica Spanien:

1980:	300 Pesetas
1985:	500 Pesetas
1990:	1000 Pesetas
1994:	2000 Pesetas
1997:	3000 Pesetas

In den USA gibt es gleich mehrere große Telefonkonzerne. Der Marktführer ist AT&T. Obwohl der Aktienkurs starke Kursschwankungen zu verzeichnen hat, ist die Kursentwicklung dennoch beeindruckend:

Kursentwicklung AT & T (USA):
1980: 10 $
1985: 15 $
1990: 20 $
1991: 25 $
1993: 30 $
1995: 35 $
1997: 40 $

Über eines muß sich der Anleger jedoch im klaren sein: Telefonaktien, gleich von welchem Land oder welcher Gesellschaft, sind kein sanftes Ruhekissen. Die Entwicklung in der Telekommunikation ist rasanter als in den meisten anderen Branchen, entsprechend stark sind die Kursschwankungen, mit denen der Aktionär leben muß.

Die zukünftigen Börsenkandidaten

Welche Unternehmen beabsichtigen, in nächster Zeit neu an die Börse zu gehen? Befinden sich darunter Aktien, die man in jedem Fall kaufen sollte, und gibt es auch welche, von denen man am besten die Finger läßt?

Zunächst einmal ist ein Börsengang immer nur eine Absichtserklärung. Ob die Firma tatsächlich zum geplanten Zeitpunkt an die Börse geht oder sich für einen späteren Zeitpunkt entscheidet, hängt von vielen Faktoren ab.

So hat im Jahr 1996 die Börseneinführung der Deutschen Telekom viele heimische Firmen vom Börsengang abgehalten. Diese haben sich gedacht, daß sie in Anbetracht der gewaltigen Telekom-Werbung von den Anlegern vielleicht gar nicht beachtet werden, und den Börsengang deshalb vorsorglich verschoben.

Stella Musical

Wenn Sie diesen Ratgeber lesen, ist es möglich, daß die Firma des Stuttgarter Medienmoguls Deyle vielleicht schon an der Börse gehandelt wird. So wie Deyle in Rekordzeit einen Musical-Palast nach dem anderen aus dem Boden stampft, so schnell ist er unter Umständen auch mit dem Börsengang.

Wer diesen Ratgeber aufmerksam gelesen hat, der weiß längst, daß eine Musical-Aktie für Spekulanten wohl ein interessantes Papier sein mag, Anleger sollten jedoch die Finger davon lassen. Die Branche ist extrem schnellebig, Erfolg und Mißerfolg liegen eng beieinander. Besuchen Sie die Stella Musicals, investieren Sie Ihr Geld jedoch in andere Firmen.

Deutsche Post AG

Der Betrieb der »Gelben Post« ist sehr personalintensiv, jede Mark Umsatz muß mühsam mit dem Verteilen von Briefen verdient werden. Telefax sowie private Zustelldienste sorgen dafür, daß die Zahl der Postsendungen eher abnimmt, die Personalkosten jedoch steigen. Für uns ist nicht vorstellbar, wie die Post AG es schaffen will, nachhaltige und möglichst steigende Gewinne zu erzielen. Denn nur dann hat auch die Aktie eine Chance auf Kurssteigerungen.

Vermutlich wird deshalb in absehbarer Zeit die Deutsche Post AG den Börsengang zurückstellen und erst einmal versuchen, die Aktien der Tochtergesellschaften den Anlegern schmackhaft zu machen. Dazu gehört vor allem die Postbank. Bis es der Postbank jedoch gelungen ist, das negative Image abzustreifen und kapitalstarke Kunden u. a. auch für die Vermögensverwaltung zu finden, werden Jahre vergehen. Für Anleger gibt es deshalb interessantere Bankaktien.

Tank & Rast AG

Die ehemalige »Gesellschaft für Nebenbetriebe« besitzt 750 Autobahnraststätten, Motels und Kioske entlang den deutschen Autobahnen. Seit damit begonnen wurde, die Raststätten radikal zu modernisieren, steigen die Umsätze. Neue Raststätten erfreuen sich nicht nur bei

Stammgästen aus dem Umkreis großer Beliebtheit, sondern fungieren inzwischen längst als »Seminar- und Schulungscenter« für viele Firmen. Die »Tank & Rast«-Aktie verspricht ein erhebliches Wachstumspotential, sofern der Ausgabekurs nicht übertrieben angesiedelt wird.

GROHE Sanitär

Über den Börsengang des führenden Herstellers von Armaturen und Sanitärerzeugnissen wird schon seit längerer Zeit spekuliert. Vom Unternehmen wurde der Börsengang zuletzt wieder dementiert bzw. für einen späteren Zeitpunkt in Aussicht gestellt. Obwohl GROHE-Produkte beim Fachhandel einen hervorragenden Ruf genießen, sollte der Anleger den Titel lieber meiden. Schließlich gibt es in keiner anderen Branche derart viele Flops wie gerade im Bereich der Bauwerte bzw. Baunebenwerte. Zum Beispiel: Rolf-Benz-Möbel, Alno-Einbauküchen, VBH-Baubeschläge, Bien-Fertighaus, Creaton-Dachziegel, DLW, Praktiker-Baumärkte, Tarkett-Fußböden und viele andere.

Binder-Optik Böblingen bei Stuttgart

Die Chance auf einen hohen Ausgabekurs hat Dr. Bauer, Chef des Brillenfilialunternehmens Binder-Optik, erst einmal verspielt. Nach den jüngsten

Kursverlusten von fast 50 Prozent beim Wettbewerber Fielmann, welche den Kurs zeitweilig sogar unter den Ausgabepreis sinken ließen, sind die Anleger mit »Brillen-Aktien« vorsichtig geworden. Die Gesundheitsreform fordert ihr Tribut. Jetzt ist erst einmal Ernüchterung eingekehrt. Die Spekulanten haben sich verabschiedet. Auch bei Binder kann man davon ausgehen, daß der Börsengang zunächst verschoben wird.

Jenoptik AG Jena

Die Firma ist vor allem deshalb bekannt geworden, weil der frühere Ministerpräsident von Baden-Württemberg, Lothar Späth, ihr Vorstandsvorsitzender ist. Der rührige Schwabe hat sich vorgenommen, aus dem ehemaligen DDR-Kombinat einen modernen Technologiekonzern zu machen. Auch wenn wir es als »Stuttgarter Aktien-Club« dem Schwaben Lothar Späth wünschen, daß er seine ehrgeizigen Ziele erreichen möge, die Aktie können wir dennoch dem Anleger nicht guten Gewissens empfehlen. Die Risiken sind einfach zu groß. Zudem gibt es internationale Technologiekonzerne, mit denen die Anleger seit Jahrzehnten kontinuierlich Geld verdienen, z. B. die japanische Canon oder die amerikanische Hewlett Packard.

Fußball-Aktien

In einem Kapitel über neue Aktien dürfen natürlich Fußball-Aktien nicht fehlen. Zum einen gibt es weltweit bereits Sportvereine, die als AG an der Börse gehandelt werden (z. B. Manchester United, England), und zum anderen werden wir fast täglich von Anlegern danach gefragt.

Der Hamburger Sportverein hat als erster Fußballclub in Deutschland eine AG gegründet und die ersten Aktien auch bereits im Direktverkauf den Fans angeboten. Allerdings blieben die Hanseaten auf dem größten Teil ihrer Aktien sitzen. Der Grund hierfür ist einfach: Für den Aktienverkauf wurde viel zuwenig geworben, die einzelnen Aktien waren auch teuer, und bei einem Privatverkauf von Aktien außerhalb des regulären Börsenhandels werden selbst heiße Spekulanten vorsichtig. Schließlich ist nicht sichergestellt, ob die Aktie später auch wieder verkauft werden kann.

Deshalb bereitet der FC Bayern München seinen Börsengang auf jeden Fall professioneller vor. Zunächst einmal warten die Bayern ab, bis der Deutsche Fußballbund (DFB) seinen Segen zur Umwandlung der Vereine in Aktiengesellschaften gegeben hat.

Die Kursentwicklung einer Fußball-Aktie hängt vom sportlichen Erfolg des Vereins ab. Je besser der Tabellenplatz, desto mehr Besucher und um so höher die Einnahmen und damit der Gewinn. Parallel zum sportlichen Erfolg steigen dann automatisch die Werbeeinnahmen und, nicht zu vergessen, der Verkauf von Fanartikeln. So greift ein Rad ins andere.

Bleibt der Erfolg jedoch aus, dann verkehrt sich die Spirale ins Gegenteil.

Schon dem Neuling im Börsengeschäft wird schnell klar, daß Fußball-Aktien deshalb nur etwas für echte Spekulanten sind. Ihnen geht es letztlich nicht um eine Kapitalanlage, sondern eher um einen modernen Ersatz von Omas Fußballwette.

Als Faustregel für den richtigen Umgang mit neuen Aktien gilt: Solange das allgemeine Börsenumfeld freundlich ist, können Sie im Zweifelsfall jede Neuemission ordern. Aufgrund der großen Nachfrage ist die Chance auf einen Kursgewinn sehr groß. Ärgern Sie sich dabei nicht, wenn Sie die bestellten Stücke nicht oder nur teilweise bekommen.

Darin liegt letztlich die Chance für Kursgewinne. Wenn jeder Anleger einmal alle bestellten neuen Aktien erhält, ist die Freude darüber nur von kurzer Dauer. Wer soll denn nach der Börseneinführung die Aktien noch an der Börse kaufen, wenn jeder Anleger schon vorher alle bestellten Aktien zugeteilt bekam? In diesem Fall ist die Chance auf weitere Kurssteigerungen gering, weil eben die Nachfrage fehlt.

Warum Sie »Turn-Around-Aktien« meiden sollten

»Aktien kauft man, wenn sie billig sind, und verkauft sie, wenn sie gestiegen sind«. Nach dieser an sich einfachen Regel handeln Tausende von Anlegern. Sie suchen sich Aktien aus, deren Kurs stark gesunken ist, je tiefer desto besser. Dennoch wundern sie sich, warum sie mit dieser Methode kein Geld verdienen.

Wann ist eine Aktie billig?

Viele Spekulanten sagen sich: »Wenn eine Aktie um 50 Prozent gesunken ist, dann steige ich ein.« Schauen wir uns einmal an, was einem solchen Turn-Around-Spekulanten passieren kann.

Eine Lieblingsaktie der Spekulanten ist seit vielen Jahren Linotype, führender Hersteller von Satzmaschinen für die Druckindustrie. Als die Linotype-Aktie im Jahr 1990 erstmals von 1000 DM auf 500 DM gesunken war, galt die Aktie als ideale »Turn-Around-Spekulation«. Bis zu 20 000 Aktien fanden damals täglich einen Käufer, ganz nach dem Motto: »Im Einkauf liegt der Gewinn«.

Leider hatten die Käufer keine Freude an ihren Aktien. Der Kurs der Linotype-Aktie fiel weiter. Ein Jahr später hatte sich der Aktienkurs nochmals halbiert, und die Aktie kostete jetzt nur noch 250 DM. Wieder fanden sich jede Menge

Käufer, die der Ansicht waren, daß der Kurs jetzt wirklich »ganz unten« sei. Und wieder wechselten jeden Tag über 10 000 Aktien den Besitzer.

Obwohl die Aktie sich jetzt schon zweimal halbiert hatte, sollten auch die jetzigen Käufer noch einmal mehr als die Hälfte ihres Geldes verlieren. Der Kurs stürzte in den darauffolgenden Monaten bis auf unter 100 DM ab. Ob diese Kursbasis bereits der endgültige Tiefstkurs ist, werden wir erst in einigen Jahren wissen.

Vielleicht geht es Linotype jedoch auch so wie dem schwäbischen Maschinenbauer Traub. Auch dort glaubten viele Anleger, daß nach dem tiefen Fall von 400 auf unter 100 DM die Gelegenheit für einen Einstieg günstig sei. Leider hatten sie den Pleitegeier übersehen, der über dem Städtchen Reichenbach an der Fils kreiste. Das traurige Ende ist bekannt: Die Traub-Aktien wurden völlig wertlos.

Und damit sind wir bereits beim zweiten Risiko von Turn-Around-Aktien. Es genügt nicht nur, die Aktie zu einem tiefen Kurs zu erwischen, sondern es muß unbedingt sichergestellt sein, daß das Unternehmen nicht konkursgefährdet ist. Während man einen zu hohen Einstiegskurs notfalls aussitzen kann, ist gegen den Konkurs kein Kraut gewachsen.

Selbst gute und bekannte Namen sind längst nicht mehr vor einem Konkurs, das heißt dem Totalverlust, geschützt. Die Liste der Konkursaktien der letzten Jahre ist lang: Deckel-Maho, Fokker, Berthold, Sachsenmilch, PanAm, Commodore,

Gebrüder März, GMN Müller, Escom, NAK-Stoffe, Nino, Pittler, Traub und – last but not least – die bekannte Bremer Vulkan-Werft.

Falls Ihnen nach der Aufzählung dieser Risiken immer noch noch nicht der Appetit auf Turn-Around-Aktien vergangen ist, dann sollten Sie sich noch über ein weiteres Risiko im klaren sein, das von vielen Anlegern meist völlig übersehen wird: den Kapitalschnitt.

Der Kapitalschnitt: Zusatzrisiko bei Turn-Around-Aktien

Hinter dem harmlosen Begriff »Kapitalschnitt« verbirgt sich ein heimtückisches Risiko. Bei einem Kapitalschnitt meldet das Unternehmen einen teilweisen Verlust des Grundkapitals. Für den Aktionär hat dies zur Folge, daß er einen Teil seiner Aktien verliert, das heißt, nicht der Kurs, sondern die Stückzahl seiner Aktien sinkt. Wer bisher 100 Aktien einer Gesellschaft hatte, der besitzt nach dem Kapitalschnitt oft nur noch 50 Stück.

Wenn das Risiko eines Kapitalschnitts bei vielen Anlegern unterschätzt wird, dann liegt dies vor allem daran, daß eine solche Maßnahme nicht auf den ersten Blick aus dem Kurszettel ersichtlich ist. Schließlich reduziert sich bei einem Kapitalschnitt zunächst nicht der Kurs, sondern die Stückzahl der Aktien.

Daß ein Kapitalschnitt gerade bei den Problem-Aktien des Kurszettels sehr häufig vorkommt, erkennt man bereits an diesen Beispielen:

Moksel 1995:	Aus 100 Aktien wurden 50
KHD 1995:	Aus 100 Aktien wurden 50
Gildemeister 1993:	Aus 100 Aktien wurden 40
Hutschenreuther 1997:	Aus 100 Aktien wurden 40

Selbst wenn beim einen oder anderen »Turn-Around«-Wert hin und wieder die Wende gelingt, zählt doch letztlich auch bei dieser Anlage-Strategie nur der Saldo. Rechnet man die Kursentwicklung solcher Papiere in die Bilanz derjenigen Aktien mit ein, die jahrelang auf tiefem Niveau standen, die auf der Stelle treten oder weiter gesunken sind, die Konkurs zu verzeichnen hatten oder einen Kapitalschnitt meldeten, dann wird das Ergebnis stets viel schlechter sein als mit einer Anlage in erstklassigen Unternehmen.

Im Grunde genommen ist diese Erkenntnis keine Überraschung. Wer »Turn-Around-Aktien« kauft, beteiligt sich schließlich an nichts anderem als an den schlechtesten Unternehmen der deutschen Wirtschaft. Je tiefer der Kurs, desto schlechter das Unternehmen.

Fragen Sie sich deshalb selbst, ob es Ihnen nicht wohler ist, sich mit Ihrem sauer verdienten Geld lieber bei erstklassigen Unternehmen zu beteiligen, die seit Jahrzehnten erfolgreich sind, als bei den Kellerleichen des Kurszettels.

Standardaktien oder Nebenwerte?

Bringen große Standardaktien langfristig mehr Gewinn, oder hat man mit den Aktien von kleinen Unternehmen auf Dauer mehr Erfolg? Auf diese Frage gibt es keine eindeutige Antwort. In diesem Kapitel beleuchten wir die Vor- und Nachteile dieser beiden Aktienkategorien.

Wann gehört eine Aktie zu den sogenannten Standardwerten, und wann rechnet man sie eher zur Gruppe der Nebenwerte? Die Grenzen zwischen diesen beiden Gruppen sind nicht exakt definiert.

Manche Fachleute zählen alle Unternehmen, deren Aktien im »amtlichen Handel« an der Börse gehandelt werden, zu den Standardaktien. Aktien dagegen, die im »Geregelten Markt«, im »Neuen Markt« oder im »Freiverkehr« gehandelt werden, rechnen zu den Nebenwerten.

Diese Einteilung ist lediglich als Grobraster akzeptabel. Zusätzlich muß dabei der Börsenumsatz berücksichtigt werden. Ein erstklassiges Unternehmen, dessen Aktien sich überwiegend in festen Händen eines Großaktionärs befinden, ist daher für den Privatanleger dennoch nicht empfehlenswert. Schließlich kann man solche Aktien an manchen Tagen weder kaufen noch verkaufen – eine Eigenschaft, die gerade Aktionäre überhaupt nicht schätzen.

Voraussetzung, daß eine Aktie als Standardwert bezeichnet werden kann, ist deshalb nicht nur der »amtliche Handel«, sondern auch entsprechend hohe Tagesumsätze. Dazu gehört, daß Aufträge bis zu 100 000 DM problemlos an jedem Börsentag abgewickelt werden können, ohne den Kurs der jeweiligen Aktie zu beeinflussen.

Legt man diese beiden Kriterien zugrunde, dann bleiben von den rund 700 Aktien deutscher Unternehmen gerade noch rund 100 Titel übrig.

Beispiele für hohe Börsenumsätze pro Tag:

DEUTSCHE BANK	700 Mio. DM
RWE	700 Mio. DM
DAIMLER	600 Mio. DM
VOLKSWAGEN	500 Mio. DM
HOECHST	500 Mio. DM
BASF	400 Mio. DM
BAYER	400 Mio. DM

Beispiele für niedrige Börsenumsätze pro Tag:

WERU	300 000 DM
Linotype	100 000 DM
Kaufhalle	100 000 DM
Jungheinrich	80 000 DM
Goldschmidt	70 000 DM
Temming	50 000 DM

Bei mehr als der Hälfte aller deutschen Aktien kommen an den meisten Börsentagen überhaupt keine Umsätze zustande. Es fehlt entweder an Käufern, an Verkäufern oder an beidem. Sie erkennen umsatzlose Aktien im Kursteil Ihrer Tageszeitung daran, daß hinter dem Aktienkurs ein Buchstabe vermerkt ist. Wenn Sie dort die Zeichen »B«, »T« oder »G« finden, dann wurde an dem betreffenden Börsentag keine einzige Aktie gehandelt.

Als Faustregel gilt: Wenn Sie in Ihrem Depot pro Aktientitel im Durchschnitt deutlich mehr als 20 000 DM investieren, sollten Sie sich grundsätzlich auf Standardaktien beschränken. Nur bei diesen Werten ist gewährleistet, daß Sie durch Ihre Käufe oder Verkäufe nicht den Kurs selbst nach oben oder unten beeinflussen.

Da die Umsätze der einzelnen Aktien nicht ganz einfach zu finden sind, können Sie sich in Deutschland auch an den Index-Werten orientieren. Hierbei unterscheiden wir zwei Gruppen:

DAX-WERTE

Darunter versteht man die 30 größten Aktiengesellschaften Deutschlands, angefangen von A wie Allianz bis V wie VW. Alle Titel des DAX können jederzeit unlimitiert gekauft und verkauft werden, auch für Millionenbeträge. Selbst Degussa, die umsatzschwächste DAX-Aktie, bringt es immer noch auf einen Tagesumsatz von über 40 Millionen DM.

M-DAX-WERTE

Hierbei handelt es sich um weitere 70 bekannte und erstklassige Unternehmen mit ausreichend hohen Börsenumsätzen, um ebenfalls unlimitierte Aufträge erteilen zu können. Die bekanntesten M-DAX-Werte sind adidas mit einem Börsenumsatz von täglich fast 100 Mio. DM, Altana (80 Mio. DM), Fielmann (30 Mio. DM), Merck (30 Mio. DM), Wella (30 Mio. DM), Beiersdorf (20 Mio. DM).

Normalerweise reichen diese 100 Aktien deutscher Unternehmen völlig aus, um für jede Anlegermentalität eine entsprechende Aktie zu finden. Prüfen Sie deshalb, ob es wirklich notwendig ist, sich über diese 100 Standardaktien hinaus tatsächlich in die riskante Gruppe der echten Nebenwerte zu begeben.

Gibt es Gründe, die für den Kauf von echten Nebenwerten sprechen?

Aktien von kleinen Unternehmen sind vor allem bei solchen Anlegern beliebt, die sich sehr intensiv mit der Entwicklung »ihres« Unternehmens identifizieren. Dazu gehört auf jeden Fall der Besuch der jährlichen Hauptversammlung. Dort trifft man auf Gleichgesinnte, kann dem Vorstand oder Aufsichtsrat persönlich Fragen stellen und auch seinem Unmut einmal Luft machen.

Wer sich intensiv mit einem solchen Nebenwert beschäftigt, kann in der Tat künftige Kursentwicklungen leichter vorhersehen als bei großen Firmen. Dies bedeutet für viele Anleger »Wirtschaft pur« oder »erlebte Marktwirtschaft«.

Deshalb gehören echte Nebenwerte vor allem zu den Lieblingsaktien von Rentnern und Pensionären, die in der Regel viel mehr Zeit haben, sich mit den jeweiligen Unternehmen zu befassen, als ein berufstätiger Bürger.

Die Spekulationserfolge mancher Besitzer von Nebenwerten sind zweifellos beträchtlich. Wer die Zeit und das Interesse hat, die Börse zu seinem persönlichen Hobby zu machen, der findet tatsächlich im Bereich deutscher Nebenwerte eine interessante und lohnende Aufgabe.

Für Anleger in deutschen Nebenwerten gibt es seit über fünf Jahren das *Nebenwerte-Journal*, eine Zeitschrift, die sich ausschließlich mit den kleinen Unternehmen auf dem Kurszettel beschäftigt. Das *Nebenwerte-Journal* versucht, zu den einzelnen Gesellschaften Informationen zu liefern, die sonst in keiner Tageszeitung stehen.

Es berichtet u.a. darüber, wie Vorstände mit den Aktionären umgehen und ob ausreichendes Informationsmaterial zur Verfügung gestellt wird. Darüber hinaus berichtet es ausführlich über den Ablauf der Hauptversammlungen und über die aktuelle Geschäftsentwicklung.

Go East: Die Ostbörsen kommen

Spekulantenherz – was willst du mehr? Osteuropa-Aktien gelten als neues Zauberwort für schnellen Reichtum. Leider wird dabei oft die Rechnung ohne den Wirt gemacht. Auch an der Börse gibt es nichts umsonst. Jeder Gewinnchance steht ein entsprechendes Risiko gegenüber.

Tatsächlich lesen sich die Argumente für den Kauf von Aktien aus Tschechien, Polen, Ungarn oder Rußland beeindruckend. Von hohen Wachstumsraten, Nachholbedarf und Aufbruchstimmung ist die Rede.

Nur selten liest man etwas über organisierte Kriminalität, über die »Betonköpfe« in den Unternehmensleitungen, über die russische Mafia, über geringe Börsenumsätze und vor allem über das hohe Währungsrisiko.

Fast 100 Aktien von osteuropäischen Unternehmen werden inzwischen in Deutschland auf DM-Basis gehandelt. Jeden Monat kommen neue hinzu. Die Namen lesen sich teilweise wie Zungenbrecher: Česka Sporitelna, Pivovar, Setuza, Gazprom, Tatneft, Pliva, Nafta-Gebly, Skala, Tiszai, Zalakeramia und viele mehr.

Die wenigsten Anleger, die Aktien aus Tschechien, der Slowakei oder Rußland kaufen, kennen mehr als den Namen der Firma. Ihnen ist auch kaum bewußt, daß sie sich als Aktionäre an einer dieser Firmen beteiligen, also Mitinhaber werden. Würden sie nur ein einziges Mal vorher besichtigen, woran sie sich beteiligen, würden sie schnell das Weite suchen. Wer einmal die Gelegenheit hatte, eine osteuropäische oder gar russische Firma zu besichtigen, wird jedem Anleger von einer solchen Beteiligung abraten.

Eine der ersten Ostaktien, die hierzulande angeboten wurde, ist der tschechische Stromversorger ČEZ. Die Firma ist mit einem heimischen Stromversorger wie RWE oder VEBA natürlich nicht zu vergleichen, obwohl die Werbung für die ČEZ-Aktie dies immer wieder suggeriert.

Fast 50 Prozent der tschechischen Stromabnehmer können aufgrund der schlechten Wirtschaftslage ihre Stromrechnungen nicht bezahlen oder sind mit der Bezahlung erheblich im Rückstand. Darüber hinaus zählen die Atomkraftwerke von ČEZ zu den unsichersten der Welt.

Legt man dann noch einen jährlichen Währungsverlust der tschechischen Krone gegenüber der DM von 20 Prozent zugrunde, dann kann man sich nur wundern, mit welcher Sorglosigkeit Anleger hierzulande ihr Kapital in solche Unternehmen investieren.

Die besten Ost-Aktien: Multis aus dem Westen

Wer es richtig anpackt, kann dennoch auch in Osteuropa glänzende Gewinne einfahren. Der Schlüssel zum Erfolg liegt in erstklassigen Wachstumsaktien. Warum?

Ganz Osteuropa giert nach westlichen Markenprodukten und kopiert den westlichen Lebensstil. Große Konzerne wie McDonald's, Coca-Cola oder Philip Morris haben schon längst die osteuropäischen Märkte unter sich aufgeteilt.

Im Osten wird tatsächlich glänzend verdient. Jedoch nicht bei den Problemfirmen vor Ort, sondern bei den internationalen Multis. Sie sind in Wahrheit die Hauptprofiteure des Wandels in den osteuropäischen Staaten. Als Aktionär solcher Multis gewinnen Sie automatisch, ohne sich auf ein Börsenabenteuer mit ungewissem Ausgang einzulassen.

Penny-Stocks: Alles oder nichts

Penny-Stocks sind billige, meist amerikanische Aktien. Sie werden für wenige Cents oder Dollars am amerikanischen Freiverkehrsmarkt gehandelt. Über 50 000 Unternehmen tummeln sich in diesem Markt, viele davon werden auch in Deutschland gehandelt. Sind solche Aktien eine Anlage-Alternative?

Im Gegensatz zu Deutschland kann in vielen Ländern, vor allem in den USA, jede größere »Pommes-Bude« als Aktiengesellschaft firmieren. Kein Wunder, daß Anleger hierzulande hinter einer Aktie stets ein entsprechend großes Unternehmen vermuten. Dem ist jedoch nicht so.

Bei den meisten der rund 50 000 amerikanischen Freiverkehrs-Aktien handelt es sich um Minibetriebe mit einem oder wenigen Mitarbeitern. Viele dieser Aktiengesellschaften sind gar nicht mehr aktiv, es existiert oft nur noch der Name und vielleicht ein Briefkasten.

Es liegt auf der Hand, daß unter den Zigtausenden von Kleinstunternehmen im Freiverkehrsmarkt hin und wieder der eine oder andere Betrieb tatsächlich Erfolg hat und die jeweilige

Aktie zu einem Höhenflug ansetzt. Mit diesen Einzelfällen läßt sich dann trefflich Werbung machen. Als Musterbeispiel gilt nach wie vor die Firma Apple, die tatsächlich aus dem Freiverkehrsmarkt (OTC = **O**ver **T**he **C**ounter) ihren Aufstieg schaffte.

Ein solcher Glückstreffer ähnelt jedoch eher der Suche nach der berühmten Stecknadel im Heuhaufen als einer erfolgreichen Anlagestrategie. Profis und alte Hasen im Börsengeschäft meiden deshalb grundsätzlich die OTC-Börse wie der Teufel das Weihwasser.

Einige clevere Börsenmakler haben in den letzten Jahren jedoch das Spekulationsfieber der Deutschen ausgenutzt. Aus diesem Grunde wurden verschiedene OTC-Aktien hierzulande mit einer gewaltigen Werbekampagne auf DM-Basis eingeführt.

Aktien, die jahrelang im US-Freiverkehr für rund einen Dollar das Stück nahezu umsatzlos herumdümpelten, wurden in Deutschland zu neuem Leben erweckt. Bekanntestes Beispiel der letzten Jahre ist die OMEGA-Aktie.

Als Umweltschutzaktie mit der Chance auf Kursverzehnfachung wurde das Papier für wenige Dollar in fast allen deutschen Wirtschaftsmagazinen und im Börsenfernsehen hochgelobt. Tausende von Anlegern stürzten sich darauf und kauften, was das Zeug hielt. Der Kurs kannte kein Halten. Innerhalb eines Jahres hatte sich die Aktie verfünffacht.

Letztlich kam es so, wie es kommen mußte. Da

das Unternehmen nicht im entferntesten die Erwartungen erfüllen konnte, stürzte der Kurs wieder ab. Es kam zu einer Verkaufswelle, die den Kurs zuletzt wieder dorthin zurückfallen ließ, wo er jahrelang vorher schon sein Dasein gefristet hatte: auf unter einen Dollar.

Profiteure solcher Kampagnen sind stets Broker oder Emissionshäuser, die auf eigene Rechnung solche Billigaktien vorher selbst aufkaufen und dann, verbunden mit einer Story, die Aktien zu hohen Kursen an den Mann oder die Frau bringen.

Wenn Sie diesen Ratgeber bis hierher gelesen haben, sollten Sie künftig Aktien wie Omega, Datapoint, Fuel Tech, Interferon, Nat. Patent, US Bioscience oder Virtuality Group anderen Anlegern überlassen.

Ein bekannter US-Broker brachte es uns gegenüber einmal auf den Punkt: »Wer sich der Qualität einer US-Aktie nicht sicher ist, sollte zur Bewertung den Aktienkurs zugrunde legen. Hierbei gilt: US-Aktien mit Kursen unter 10 Dollar sind hochgradig gefährdet, und Aktien unter 5 Dollar sollte man nicht einmal mit der Kneifzange anfassen.«

Sind Goldaktien noch eine Anlage-Alternative?

Jahrzehntelang erfreuten sich Goldaktien großer Beliebtheit bei vielen Aktionären. Der Grund lag auf der Hand: Ging es mit den klassischen Aktien einmal nach unten, profitierten meist die Goldaktien. Schließlich galt Gold als Krisenmetall.

Mit dem Ende des Kalten Krieges ist der Glanz des Goldes als Krisenmetall jedoch nach und nach verblaßt. Selbst die letzten großen politischen Unruhen in Kuwait, Rußland und China konnten die Talfahrt des Goldpreises nicht stoppen

Mit sinkendem Goldpreis sanken auch die Gewinne der Goldminengesellschaften und damit letztlich auch deren Aktienkurse. Goldaktien befinden sich heute nur noch in den Händen einer kleinen Gruppe von Spezialisten, die unbeirrt an einen neuen Glanz des gelben Metalls glauben.

Da an der Börse »nichts unmöglich« ist, wäre es deshalb vermessen, an dieser Stelle ein Wiederanziehen des Goldpreises und damit auch der Goldaktien für alle Zeiten in Abrede zu stellen.

Ein erheblicher Anstieg des Goldpreises ist aus heutiger Sicht jedoch nur denkbar, wenn es weltweit beispielsweise zu politischen Krisen oder Kriegen käme. Auch eine verstärke Nachfrage der Industrie oder Schmuckbranche könnte den Goldpreis wieder hinauftreiben. All diese Auslöser für einen Wiederanstieg des Goldpreises gelten jedoch eher als unwahrscheinlich.

Wer sich dennoch die eine oder andere Goldaktie in sein Depot legen will, der sollte zwischen zwei Gruppen von Aktien unterscheiden.

Goldminen mit hohen Förderkosten und hohem Risiko:

Amax Gold
Battle Mountain
Central Norseman
Dakota Mining
Free State Gold
Hecla Mining
TVX Gold
Western Deep

Goldaktien mit niedrigen Förderkosten und geringerem Risiko:

AAC (Südafrika)
Barrick Gold (Kanada)
Ashanti Goldfields (Ghana)
Driefontain (Südafrika)
Echo Bay (Kanada)
Homestake Mining (USA)
Kloof Gold (Südafrika)
Placer Dome (Kanada)
Vaal Reef (Südafrika)

Riskant sind Aktien von solchen Goldminengesellschaften, die das Gold zu Preisen fördern, die über den derzeitigen Weltmarktpreisen liegen. Die Gesellschaften produzieren praktisch laufend Verluste. Wenn die Goldproduktion dennoch nicht eingestellt wird, dann deshalb, weil die Gesellschaft über kurz oder lang wieder mit einem steigenden Goldpreis und damit einer Rückkehr in die Gewinnzone rechnet. Dies würde dann auch für steigende Aktienkurse sorgen. Wie Sie sehen, eine hochspekulative Angelegenheit mit höchst unsicherem Ausgang.

Wer dagegen Aktien von solchen Gesellschaften kauft, die trotz niedrigem Goldpreis immer noch mit Gewinn arbeiten, umgeht zumindest einmal das Risiko des Totalverlustes. Aber auch der Aktienkurs der besten Goldmine kann nur dann steigen, wenn der Preis des gelben Metalls deutlich nach oben geht.

Sind Investmentfonds eine Alternative zur Aktie?

Wenn Sie als Anleger erstmals zu Ihrer Bank gehen, um sich nach Aktien zu erkundigen, dann wird Ihnen mit großer Wahrscheinlichkeit Ihr Berater mehr oder weniger intensiv die Anlage in einem Investmentfonds empfehlen. Ist dies ein gutgemeinter Rat, oder steckt dahinter womöglich ein Eigeninteresse der Bank?

Investmentfonds haben grundsätzlich ihre Berechtigung. Für viele Anleger sind Investmentfonds eine echte Alternative zur Aktie. Ob Sie zu dieser Gruppe gehören, müssen Sie anhand der folgenden Kriterien selbst testen.

Die Grundvoraussetzung für den direkten Aktienkauf ist eine vernünftige Mischung. Wer Aktien kauft, sollte nicht einen einzigen Titel, sondern mindesten fünf, besser noch zehn verschiedene Titel wählen.

Den Grund hierfür kennen Sie bereits: Wer fünf

bis zehn verschiedene Aktien besitzt, kann auch einen stärkeren Kursrückgang bei einem Einzelwert leichter verkraften. Oft befindet sich im Depot nämlich auch ein Wert, der einen überdurchschnittlichen Gewinn verzeichnet.

Wegen der Mindestgebühren der Banken sollte in jeden Aktientitel mindestens ein Betrag von 3000 bis 5000 DM investiert werden. Bei fünf verschiedenen Aktien errechnet sich somit schnell ein erforderliches Startkapital von mindestens 15 000 bis 25 000 DM.

Als Faustregel gilt dabei: Die Bank berechnet beim Aktienkauf üblicherweise jeweils ein Prozent Kauf- und Verkaufsgebühren, mindestens jedoch 30 DM. Wenn Sie also für 3000 DM Aktien desselben Unternehmens kaufen, zahlen Sie 1 % von 3000 DM = 30 DM Bankprovision. Wenn Sie nur für 1000 DM Aktien kaufen, zahlen Sie die Mindestgebühr von ebenfalls 30 DM. Dies entspricht dann, bezogen auf den Kaufpreis von 1000 DM, bereits einer Gebühr von 3 %. Aufgrund dieser höheren Gebühren erreichen Sie bei Kleinanlagen erst viel später die Gewinnzone.

Wenn Ihr gesamtes zur Verfügung stehendes Anlagekapital weniger als 15 000 DM beträgt, dann wird Ihnen der Anlageberater Ihrer Hausbank zu Recht einen Investmentfonds empfehlen.

Der Investmentfonds eignet sich darüber hinaus nicht nur für Anleger mit einem geringen Startkapital, sondern auch für solche, denen der direkte Aktienkauf zu aufregend ist und die sich nicht mit der Auswahl einzelner Aktien beschäftigen wollen.

Mit der Entscheidung, das Kapital statt in Aktien in einen Investmentfonds zu investieren, beginnt zunächst einmal die Qual der Wahl. Über 2000 verschiedene Investmentfonds werden zur Zeit in Deutschland angeboten. Damit ist die Auswahl an Fonds fast noch größer als die an Aktien.

Die meistgestellte Frage lautet daher: Welches ist der beste Investmentfonds? Die Anwort ist dieselbe wie im Aktiengeschäft: Genausowenig, wie es »die beste Aktie« gibt, gibt es »den besten Investmentfonds«.

Es gibt natürlich immer einen Investmentfonds, der in einem bestimmten Zeitraum »der Beste« war. Leider ist derjenige Fonds mit dem besten Ergebnis der letzten zwölf Monate selten mit dem besten Fonds der letzten zwei, drei, fünf oder gar zehn Jahre identisch. Im Gegenteil: Beim kurzfristigen Vergleich liegen oft gerade solche Fonds vorn, die mittelfristig unterdurchschnittlich abgeschnitten haben.

Die Auswahl von Investmentfonds nach dem Ergebnis der Vergangenheit ist daher nicht ausreichend. Viel wichtiger ist die Zusammensetzung des Fonds. Die beste Empfehlung ist in jedem Fall ein international anlegender Aktienfonds.

Aufgrund der breiten Streuung solcher Fonds sind die Kursrisiken klein, und der Anleger hat gute Chancen auf eine möglichst kontinuierliche Kursentwicklung ohne große Schwankungen.

Meiden Sie dagegen alle Spezialfonds. Dies sind Fonds, die nur in bestimmten Ländern oder Branchen investieren. Je spezieller ein Fonds investiert, desto größer sind natürlich die Gewinnchancen, leider aber auch die Risiken. Gerade Käufer von Investmentfonds legen jedoch Wert auf eine gleichmäßige Wertentwicklung.

Jeder Investmentfonds kehrt meist in der Werbung den Zeitraum besonders hervor, in dem er eine überdurchschnittliche Wertentwicklung verzeichnen konnte. Deshalb finden Sie Fonds, die speziell mit dem Ergebnis des laufenden Jahres werben, andere mit den letzten zwölf Monaten und manche sogar mit einer 20- oder 30-Jahres-Periode.

Lassen Sie sich von solchen Statistiken nicht verwirren. Versuchen Sie von Ihrem Banker oder Fondsverkäufer eine graphische Darstellung der Kursentwicklung auf logarithmischer Basis zu erhalten. Ein guter Berater kann Ihnen das besorgen. Wenn er sich dagegen sträubt, liegt das häufig daran, daß die gewünschte Graphik für den empfohlenen Fonds nicht besonders schmeichelhaft ist.

Eine Kursgraphik über die Wertentwicklung zeigt Ihnen im Gegensatz zu einer Zahlenstatistik den langfristigen Kursverlauf. Sie erkennen wie auf einer Fieberkurve, ob der Fonds zum Beispiel vor vielen Jahren vielleicht besonders gut war, aber in den letzten Jahren abgeflacht ist.

Sie erkennen in einer solchen Gaphik auch die Schwankungen innerhalb der Wertentwicklung, Fachleute sagen dazu Volatilität. Je größer die Schwankungen, desto riskanter ist die Anlagestrategie.

Am empfehlenswertesten ist ein Investmentfonds mit einer möglichst kontinuierlichen Wertentwicklung und geringen Schwankungen über zehn Jahre oder länger.

Die Gebühren für den Kauf von Investmentfonds sind relativ hoch. Die Banken begründen dies mit dem hohen Beratungsaufwand. Wenn Sie sich selbst über die Anlage in Fonds informiert und sich für einen bestimmten Fonds entschieden haben, dann sollten Sie Ihren Banker vor dem Kauf darauf ansprechen, ob er Ihnen nicht einen Nachlaß auf die Kaufgebühren einräumt. Die Kaufgebühren für Investmentfonds liegen zwischen drei und acht Prozent. 25 bis 50 Prozent Nachlaß sind verhandlungsfähig, je nachdem, ob es sich um einen Fonds aus der eigenen Bank oder den eines Fremdinstituts handelt.

Optionsscheine: Reichmacher oder Verlustbringer?

In einem Ratgeber über Aktien darf das Thema Optionsscheine natürlich nicht ausgeklammert werden. Schließlich bieten in Deutschland rund 30 verschiedene Kreditinstitute über 5000 dieser

Warrants (engl. Bezeichnung für Optionsscheine) an. Das ist absoluter Weltrekord, und es stellt sich zu Recht die Frage: Sind Optionsscheine tatsächlich die garantierten Reichmacher, wie oft behauptet wird? Oder leben diejenigen, die das behaupten, in einer Traumwelt? Um diese Frage zu erörtern, sollten wir uns Schritt für Schritt durch den Optionsscheindschungel schlagen.

Optionsscheine sind Wertpapiere, die genau wie Aktien täglich an der Börse gehandelt werden. Kauf und Verkauf der Papiere erfolgen ebenfalls über die Hausbank. Insoweit gleichen sich Aktien und Optionsscheine, das Prinzip der Warrants ist aber ein anderes: Steigt der Kurs einer Aktie um, sagen wir mal, 10 Prozent, steigt der Kurs des jeweiligen Optionsscheins gleichzeitig um ein Vielfaches davon. Das hört sich zwar zunächst gut an, hat in der Praxis aber auch einen Haken: Fällt nämlich die zugrundeliegende Aktie, sinkt auch der Wert des Scheins gleich um ein Mehrfaches. Die sogenannte Hebelwirkung, die Spekulanten so lieben, zielt also in beide Richtungen, oder anders ausgedrückt: Den hohen Gewinnchancen stehen hohe Risiken gegenüber.

Ein Optionsschein ist – einfach gesagt – nichts anderes als ein Gutschein. Nehmen wir als Beispiel einmal folgenden Schein:

Dresdner Bank Optionsschein Nr. 804625
Laufzeit: bis 30. April 2002

Bezugskurs: 51 DM
Bezugsverhältnis: 1 : 1

Lassen Sie uns zunächst einmal die Begriffe erläutern:

Dresdner Bank Optionsschein Nr. 804625
Mit dieser Bezeichnung erkennen Sie, daß es sich um einen Optionsschein handelt, mit dem Sie das Recht haben, Aktien der Dresdner Bank zu erwerben. Bei der angegebenen Nummer handelt es sich um die Wertpapierkennummer dieses Optionsscheins, um beim Kauf Verwechslungen zu vermeiden.

Laufzeit:
Die Laufzeit sagt Ihnen, wie lange dieser Optionsschein gültig ist. Bis zu diesem Zeitpunkt haben Sie das Recht, eine Dresdner-Bank-Aktie zum Sonderpreis – dem Bezugspreis – zu erwerben.

Der Bezugspreis:
Er gibt Ihnen Auskunft, zu welchem Festpreis (Bezugspreis) der Besitzer eines Optionsscheins eine Dresdner-Bank-Aktie während der Laufzeit erwerben darf.

Das Bezugsverhältnis:
Es sagt Ihnen, wie viele Aktien sie für jeweils einen Optionsschein zum Bezugspreis erwerben können. Ein Bezugsverhältnis von 1 : 1 bedeutet,

daß für jeden Optionsschein jeweils eine einzige Aktie gekauft werden kann. Üblich sind oft Bezugsverhältnisse von 5 : 1 oder 10 : 1. d.h., man kann für einen Optionsschein gleich 5 oder 10 Aktien zum jeweiligen Bezugspreis kaufen.

Was ist ein Optionsschein wirklich wert?

Die Antwort auf diese Frage ist viel einfacher, als die meisten Leser erwarten, und kann selbst von jedem Neuling im Bösengeschäft in einer Minute selbst errechnet werden.

Hierzu brauchen Sie lediglich zwei Zahlen. Erstens brauchen Sie den aktuellen Kurs, zu dem die zugrundeliegende Aktie an der Börse gehandelt wird. Im obigen Beispiel handelt es sich um einen Optionsschein auf die Dresdner-Bank-Aktie. Also schauen wir nach, was die Dresdner Bank aktuell kostet. Zum Zeitpunkt der Erstellung dieses Buchmanuskriptes kostet eine Dresdner-Bank-Aktie exakt 71 DM.

Die zweite Zahl, die wir zur Berechnung des tatsächlichen Wertes eines Optionscheins brauchen, ist der Bezugspreis. Dies ist der Preis, zu dem der Besitzer eines Optionsscheins die jeweilige Aktie kaufen darf. Dieser Bezugspreis beläuft sich im obigen Beispiel auf exakt 51 DM.

Und nun ist die Rechnung ganz einfach: Wir brauchen jetzt lediglich die Differenz dieser beiden Zahlen zu errechnen, und schon haben wir den aktuellen Wert des Optionsscheins.

Jetzt verstehen Sie auch, warum wir den Optionsschein auch als eine Art »Gutschein« bezeichnen. Der Optionsschein ist immer den Betrag wert, um den wir die jeweilige Aktie billiger kaufen dürfen als beim direkten Kauf an der Börse.

Gerade weil es sich bei dieser Berechnung um den wichtigsten Punkt im ganzen Optionsscheingeschäft handelt, will ich ihn nochmals verdeutlichen: Wenn Sie Dresdner-Bank-Aktie, die normalweise an der Börse 71 DM kostet, aufgrund eines Gutscheins (Optionsschein) für 51 DM bekommen, dann stellt der Optionsschein einen Wert von 20 DM dar. Wir denken, daß mit dieser Erklärung jeder Leser das Grundprinzip des Optionsscheins verstanden hat.

Jetzt erfahren Sie, warum so viele Anleger statt Aktien Optionsscheine kaufen und wie die hohe Hebelwirkung in der Praxis funktioniert.

Bleiben wir beim obigen Beispiel: Die Dresdner-Bank-Aktie kostet unverändert 71 DM. Mit dem Optionsschein dürfen Sie dieselbe Aktie jedoch für 51 DM kaufen. Folglich hat der Optionsschein zur Zeit einen Wert von 20 DM.

Wer sich jetzt für 20 DM einen solchen Optionsschein an der Börse kauft, hat logischerweise zu diesem Zeitpunkt noch keinen Vorteil. Er bekommt wohl die Aktie statt für 71 DM für 51 DM, dafür mußte er jedoch 20 DM für den Optionsschein ausgeben.

Der Optionsscheinkäufer stellt jedoch eine andere Rechnung auf. Er geht davon aus, daß die Dresdner-Bank-Aktie während der Laufzeit bis zum Jahr 2002 weiter steigen wird. Und nun wollen wir gemeinsam ausrechnen, wie sich der Wert des Optionsscheins verändert, wenn die Dresdner-Bank-Aktie weiter steigt.

Beachten Sie dabei, daß sich der Bezugspreis für die Aktie nicht verändert, dieser bleibt während der gesamten Laufzeit des Optionsscheins unverändert bei 51 DM.

Aktienkurs	Bezugspreis	Wert des Optionsscheins
DM 71,00	DM 51,00	DM 20,00
DM 91,00	DM 51,00	DM 40,00
DM 111,00	DM 51,00	DM 60,00
DM 131,00	DM 51,00	DM 80,00
DM 151,00	DM 51,00	DM 100,00

Und jetzt rechnen Sie selbst einmal mit. Wenn die Aktie der Dresdner Bank von 71 auf 91 DM steigt, dann entspricht dies einer Wertsteigerung für den Aktionär von rund 28 Prozent.

In diesem Fall steigt der Wert des Optionsscheins jedoch von 20 auf 40 DM. Dies entspricht dann bereits einem Kursgewinn von 100 Prozent.

Gelingt es der Dresdner-Bank-Aktie, während der Laufzeit bis spätestens im Jahr 2002 gar auf 151 DM zu klettern, dann bedeutet dies für den Aktionär etwas mehr als eine Kursverdoppelung, also einen Gewinn von gut 100 Prozent.

Der Besitzer des Dresdner-Bank-Optionsscheins hat in diesem Fall seinen Einsatz sogar verfünffacht, denn der Optionsschein notiert dann bei 100 DM. In diesem Fall spricht man von einer fünffachen Hebelwirkung.

Falls der eine oder andere Leser jetzt fragt, ob man denn zum Kurs von 100 DM für den Optionsschein zu gegebener Zeit auch einen Käufer findet, können wir Sie beruhigen. Falls die Dresdner-Bank-Aktie bis zum Jahr 2002 tatsächlich auf 151 DM steigen sollte, haben Sie als Optionsscheinbesitzer bekanntlich das Recht, diese Aktie unverändert für 51 DM zu kaufen, um sie anschließend an der Börse für 151 DM zu verkaufen.

Sie brauchen also gar keinen Anleger, der Ihnen Ihre Optionsscheine für 100 DM wieder abkauft, sondern Sie können ganz einfach durch die Einlösung der Optionsscheine in Aktien den Gewinn realisieren.

Wir hoffen, daß wir Ihnen mit diesem Beispiel das Prinzip des Optionsscheingeschäfts näherbringen konnten. Die Tabelle zeigt deutlich, wie sich der Wert des Optionsscheins im Verhältnis zum Aktienkurs steigert.

Vermutlich hat Ihnen dieses Beispiel sehr gut gefallen. Wer will sich schließlich mit einer Verdoppelung des Kapitals zufriedengeben, wenn auch eine Verfünffachung möglich ist? Deshalb kommen wir jetzt zu den Nachteilen bzw. Risiken im Optionsscheingeschäft.

Was passiert mit Optionsscheinen, wenn die zugrundliegende Aktie nichts steigt, sondern fällt?

Damit sind wir schon beim größten Problem im Optionsschein-Geschäft. Erinnern wir uns hierzu nochmals an das Beispiel der Dresdner-Bank-Aktie. In unserem Beispiel hatten wir folgende Ausgangsbasis:

1. Aktueller Aktienkurs Dresdner Bank 71 DM.
2. Bezugspreis für den Optionscheinbesitzer 51 DM.
3. Kurs bzw. Wert des Optionsscheins somit 20 DM.

Und nun wollen wir einmal feststellen, was mit dem Optionsschein passiert, wenn der Aktienkurs nicht steigt, sondern fällt:

Aktienkurs	Bezugspreis	Wert des Optionsscheins
DM 71,00	DM 51,00	DM 20,00
DM 61,00	DM 51,00	DM 10,00
DM 56,00	DM 51,00	DM 5,00
DM 51,00	DM 51,00	DM 0,00

Anhand dieser Kursentwicklung sehen Sie das hohe Risiko eines Optionsscheins bei fallenden Aktienkursen. In der ersten Zeile haben wir noch einmal die Ausgangsposition dargestellt. Aktienkurs 71 DM, Bezugspreis 51 DM, Wert des Optionsscheins 20 DM.

Fällt nun die Aktie von 71 auf 61 DM, dann bedeutet dies für den Aktionär einen Kursrückgang um 10 DM oder rund 15 Prozent. Der Wert des Optionsschein reduziert sich in diesem Fall ebenfalls um 10 DM, von 20 auf 10 DM. Prozentual bedeutet dies für den Optionsscheinbesitzer jedoch bereits einen Verlust von 50 Prozent.

Fällt die Aktie jedoch weiter auf 56 DM, dann stellt dies für den Aktionär einen Kursverlust von 22 Prozent dar. Eine Größenordnung, die ein Aktionär aushalten kann. Für den Optionsscheinbesitzer summiert sich der Verlust jedoch bereits auf 75 Prozent, weil der Wert gerade noch kümmerliche 5 DM beträgt.

Ganz dramatisch wird die Sache jedoch, wenn der Aktienkurs auf 51 DM oder darunter absinken würde. In diesem Fall bedeutet dies für den Optionsschein-Spekulanten sogar den Totalverlust seines Einsatzes.

Wer will schließlich für einen Optionsschein noch etwas bezahlen, wenn man die zugrundeliegende Aktie im normalen Börsenhandel ohne Optionsschein sogar billiger bekommt als mit Optionsschein?

Aus einem 28-Prozent-Verlust bei der Aktie entwickelt sich ein Totalverlust beim Optionsschein. An diesem Beispiel sehen Sie, warum Optionsscheine auch als Hebelpapiere bezeichnet werden. Leider wirkt der Hebel in beide Richtungen.

Je höher der Hebel ist, um so höher sind folglich Chance und Risiko, und je geringer der Hebel, desto geringer sind auch diese beiden Faktoren.

Wann ist ein Optionsschein endgültig wertlos?

Theoretisch ist der Schein in dem Moment wertlos, in dem die Aktie unter den Basis- bzw. Bezugspreis fällt, in unserem Beispiel also auf 51 DM oder darunter. Theorie und Praxis unterscheiden sich jedoch.

Ein Beispiel: Die Dresdner-Bank-Aktie fällt von 71 auf 51 DM. Der Optionsschein ist damit rechnerisch bereits wertlos. Doch jetzt kommt die Restlaufzeit ins Spiel: Da der Schein eine Laufzeit bis ins Jahr 2002 hat, ist es durchaus möglich, daß die Aktie innerhalb dieser Zeit wieder über den Bezugs- bzw. Basispreis klettert.

Damit wird klar, daß der Optionsschein auch noch einen nicht berechenbaren Restwert hat. Dieser ist um so höher, je länger seine Laufzeit ist. Der Schein wird an der Börse mit diesem Restwert gehandelt, obwohl er rein rechnerisch nichts wert ist. Dieser Restwert wird auch Aufgeld genannt.

Als Aufgeld bezeichnet man somit den Betrag, der an der Börse für Optionsscheine gezahlt wird, die rechnerisch gar nichts mehr wert sind, bei denen aber während der Laufzeit noch die Chance besteht, daß die zugrundeliegende Aktie steigt und damit auch den wertlosen Optionsschein nochmals nach oben zieht.

Der Begriff »Aufgeld« wird jedoch auch dann verwendet, wenn ein Optionsschein zu einem höheren Preis gehandelt wird, als er rechnerisch wert ist. Ein Beispiel hierzu: Die Dresdner-Bank-Aktie kostet wiederum 71 DM. Der Bezugspreis für den Optionsscheinbesitzer ist unverändert 51 DM. Der rechnerische Wert des Optionsscheins beträgt 20 DM. An der Börse wird der Optionsschein jedoch für 25 DM gehandelt. Der Mehrpreis von 5 DM wird als Aufgeld bezeichnet.

In diesem Beispiel handelt es sich um ein Aufgeld von rund 7 Prozent. Um die 5 DM aufzuholen, um die der Optionsschein zu teuer ist, muß die Aktie zusätzlich um 7 Prozent steigen (7 % von 71 DM sind rund 5 DM).

Als Faustregel im Optionsschein-Geschäft gilt deshalb:

1. Optionsscheine sollten eine möglichst lange Restlaufzeit haben.
2. Der Bezugspreis für die Aktie sollte deutlich unter dem aktuellen Aktienkurs liegen.
3. Der Optionsschein sollte nur zu dem Kurs gekauft werden, der seinem rechnerischen Wert ziemlich nahe kommt. Ein zu hoher Preis (Aufgeld) stellt ein zusätzliches Risiko dar.

Warum gibt es so viele verschiedene Optionsscheine?

Mit Optionsscheinen kann man – wie im Beispiel des Dresdner-Bank-Optionsscheins – nicht nur auf steigende Aktienkurse spekulieren. Optionsscheine gibt es längst auch für Anleger, die an sinkenden Kursen Geld verdienen wollen, die auf eine Veränderung von Dollar, Yen, Lira oder englischem Pfund spekulieren oder sich an der richtigen Einschätzung des Zinssatzes eine goldene Nase verdienen wollen.

Darüber hinaus kann man längst auch Optionsscheine auf ausländische Aktien erwerben, man kann auf die Kursentwicklung von Öl, Gold oder Rohstoffen setzen oder schlicht und einfach auf die Veränderungen von Dow Jones, DAX oder Nikkei-Index.

Spekulantenherz – was willst du mehr! Inzwischen sind es wohl über 5000 verschiedene Scheine, die an deutschen Börsen gehandelt werden. Täglich kommen neue hinzu.

Der Kursteil der amtlichen *Börsenzeitung* beansprucht längst mehr Platz für die Veröffentlichung von Optionsscheinkursen als von Aktien. Dennoch: Die Hauptprofiteure sind nicht die Kleinanleger, sondern vor allem die Banken und Emittenten – also die Verkäufer – dieser Flut von Optionsscheinen.

Aktie oder Optionsschein?

Selbst »alte Hasen« im Börsengeschäft können der Verlockung der großen, schnellen Kursgewinne oft nicht widerstehen. Fragen Sie einmal einen Optionsscheinspekulanten, warum er Optionsscheine statt Aktien kauft. »Wegen der Hebelwirkung«, wird in der Regel seine Antwort lauten. Was reizt, ist die Aussicht auf große Gewinne mit einem relativ geringen Kapitaleinsatz.

Eines sollte jedoch besonders der Börsenneuling wissen: Mit Optionsscheinen lassen sich hin und wieder erfreuliche Einzelgewinne erzielen; je länger und je öfter man jedoch in Hebelpapiere investiert, desto sicherer landet man im Verlustbereich. Bis heute ist uns kein Anleger bekannt, der langfristig auf der Gewinnerseite geblieben wäre.

Das größte Problem bei Optionsscheinen ist die begrenzte Restlaufzeit, weil sie danach wertlos werden. Steigt der Kurs der Aktie erst nach der Laufzeit des Optionsscheins, nützt das dem Spekulanten gar nichts. Er hat zwar das zugrundeliegende Papier richtig eingeschätzt, aber das falsche Timing war sein Verderben.

Die Pleiten der Profis

Der beste Beweis, wie schwer es ist, mit Optionsscheinen langfristig Geld zu verdienen, ist die Wertentwicklung von sogenannten Optionsschein-Fonds. Hierbei handelt es sich um Investmentfonds, die von Spezialisten verwaltet werden und die das Anlagekapital ausschließlich in Optionsscheine investieren.

Der größte und bekannteste Optionsschein-Fonds in Deutschland ist der K&W-Universal-Fonds OS. Depotbank ist der Schweizerische Bankverein in Frankfurt am Main. Gegründet wurde der Fonds im Jahr 1989 vom Oberurseler Vermögensverwalter Peter E. Huber unter dem Namen PEH-Optionsscheinfonds.

Nachdem der Optionsscheinfonds in kurzer Zeit bereits über 50 Prozent Verlust verzeichnete und sich langsam, aber sicher ein gewaltiger Imageschaden für die Oberurseler Vermögensverwaltung abzeichnete, wäre es an der Zeit gewesen, den Fonds wegen Erfolglosigkeit zu schließen, um den Anlegern weitere Verluste zu ersparen.

Statt dessen übernahm die Firma K&W-Wertpapierresearch aus Feldafing am Starnberger See den Vertrieb und die Anlagestrategie für den Fonds, der nunmehr in K&W-Optionsscheinfonds umbenannt wurde. Hinter der Abkürzung K&W verbergen sich die Herren Dr. Michael Kölmel und Gerd Weger, die auch Herausgeber und Verleger der Zeitschrift *Finanzen* und der Fachzeitschrift *Optionsscheine* sind.

Obwohl es sich hierbei wohl um Deutschlands kompetenteste Fachleute zum Thema Optionsscheine handelt, schafften es selbst diese Experten nicht, den Optionsscheinfonds auf die Gewinner-Straße zu führen.

Wertentwicklung des K&W-Optionsschein-Fonds:

1990:		55% Verlust
1991:		14% Verlust
1992:		40% Verlust
1993:	15% Gewinn	
1994:		39% Verlust
1995:		19% Verlust
1996:		56% Verlust

Wenn wir die Wertentwicklung dieses Optionsschein-Fonds so ausführlich darstellen, dann hat dies einen ganz besonderen Grund. Viele Anleger wollen einfach nicht glauben, daß das Ergebnis einer Anlage in Optionsscheinen derart negativ ist.

Jeder Anleger kennt schließlich irgend jemand, der mit Optionsscheinen viel Geld verdient haben will. Prüft man diese Behauptungen nach, dann handelt es sich dabei stets um Einzelgewinne.

An der Börse zählt jedoch nicht das Ergebnis eines spektakulären Einzelgewinns, sonder stets nur der langfristige Saldo aller Anlagen. Bis heute haben wir noch keinen einzigen Anleger gefunden, der langfristig ein erfolgreiches Optionsschein-Depot nachweisen konnte.

Optionsscheine wurden von den Banken bzw. Brokern nicht erfunden, um die Käufer reich zu machen, sondern schon eher die Emittenten. Das Optionsscheingeschäft sollte daher nicht mit klassischen Börsengeschäften verglichen werden, sondern eher mit dem Besuch einer Spielbank. Auch dort gibt es schließlich hin und wieder Gewinner.

Teil IV – Anhang

Börsenspiele kommen groß in Mode

Börsenspiele sind in den letzten Jahren in Mode gekommen. Jede Zeitschrift, die etwas auf sich hält, veranstaltet mindestens einmal im Jahr einen solchen Wettbewerb. Aber auch Banken, Discountbroker und andere Firmen aus dem Geldgeschäft laden zur Teilnahme an solchen Börsenspielen ein.

Die Vorteile für den Veranstalter

Ein Börsenspiel stellt zunächst einmal eine vielbeachtete Werbung für den Veranstalter dar. Für Zeitschriften bedeutet es eine Leserbindung, schließlich ist der Spielteilnehmer während der Dauer des Börsenspiels auf die Zeitschrift angewiesen.

Andere Leser, die zwar am Spiel selbst nicht teilnehmen, sich aber für die laufenden Ergebnisse interessieren, werden in dieser Zeit ebenfalls am Bezug der Zeitschrift festhalten.

Wenn Banken Börsenspiele veranstalten – das bekannteste in Deutschland ist das »Planspiel Börse« der Sparkassenorganisation –, so hat dies andere Gründe. Banken geht es weniger um den kurzfristigen Werbeeffekt als vielmehr darum, langfristig neue Kunden für das Börsengeschäft zu gewinnen. Wer mit fiktivem Geld die ersten Gewinne eingefahren hat, der will es schließlich über kurz oder lang auch mal mit »richtigem« Geld versuchen. Daher sind solche Börsenspiele grundsätzlich eine Werbung für die Aktie.

Börsenspiele haben jedoch einen ganz entscheidenden Nachteil: Sie sind meist auf eine kurze Zeit von nur wenigen Monaten begrenzt. Gerade wegen dieser kurzen Laufzeit sind die Teilnehmer gezwungen, das Spielgeld überwiegend in riskante Aktien zu investieren. Für kurzfristige spektakuläre Gewinne sind erstklassige Wachstumsaktien wenig geeignet.

Wer ein Börsenspiel gewinnen will, kann jedoch nicht nur auf eine glückliche Auswahl der Aktien hoffen. Dies reicht längst nicht mehr aus. In Anbetracht der hohen Preisgelder haben sich Profis ein großes Stück vom Gewinnkuchen gesichert. Dazu ist es erforderlich, strategisch vorzugehen. Erste Voraussetzung ist die Eröffnung von mehreren Depots. In jedes Depot werden jeweils unterschiedliche, jedoch ausschließlich hochspekulative Aktien oder Optionsscheine gekauft. Bevorzugt werden Papiere mit sehr geringen Börsenumsätzen.

Die Börsenspiel-Profis überlassen die Kursentwicklung dieser Papiere längst nicht mehr dem Zufall. Hier wird mit echtem Geld nachgeholfen. Sobald sich die ausgewählte Aktie oder der Optionsschein im Spieldepot befindet, wird der Kurs durch unlimitierte Kaufaufträge nach oben gepusht. Bei marktengen Aktien oder Optionsscheinen ist dies kein Problem, da genügen oft Orders über wenige tausend Mark.

Sobald der Kurs geklettert ist, wird zunächst einmal im Spieldepot »Kasse« gemacht. Dies hat keine Auswirkung auf den Börsenkurs, da es sich um ein fiktives Depot handelt. Erst danach werden die echten Aktien nach und nach verkauft. Danach beginnt das Spiel bei einem anderen Wert aus dem Spieldepot.

Auf diese Weise haben in den letzten Jahren einige Börsenspiel-Profis mehrfach sechsstellige Gewinnprämien kassiert. Dies hat dazu geführt, daß viele Zeitschriften und Banken die Spielregeln erheblich eingeengt haben, um den Profis die Teilnahme zu erschweren.

Am bereits erwähnten großen Nachteil der Börsenspiele ändert sich dadurch nichts: Gerade der Neuling im Aktiengeschäft wird durch das Börsenspiel zu einer hochriskanten Anlagestrategie gezwungen. Dabei wäre es viel wichtiger, gerade dem Neuling erfolgreiche Anlagestrategien zu vermitteln, mit denen er auch in der Praxis Erfolg hat.

Dazu müßten die Regeln für Börsenspiele jedoch völlig geändert werden. Dies würde jedoch den Interessen der Veranstalter zuwiderlaufen. Aus diesem Grunde wird sich an der Problematik von Börsenspielen wohl so schnell nichts ändern.

Welche Auswirkungen hat der Euro für Aktionäre?

Der Countdown läuft. Am 1. Januar 1999 soll die Europäische Währungsunion starten. Die gute alte D-Mark wird verschwinden. Viele Menschen hierzulande sehnen diesen Termin nicht gerade herbei. Bei Umfragen spricht sich ein großer Teil der Bevölkerung gegen den Euro aus.

Auch wenn sich einige noch so sträuben, eines ist sicher: Der Euro kommt! Das ist in den Maastrichter Verträgen festgehalten und völkerrechtlich bindend. Es gibt kein Zurück.

Der Zeitplan für die Währungsunion sieht vorläufig so aus:

1998 soll abgestimmt werden, welche Länder die Voraussetzungen (Konvergenzkriterien) erfüllen. Für 1999 ist geplant, die Wechselkurse der teilnehmenden Länder unwiderruflich auf der Basis des Euro festzulegen. Ab diesem Zeitpunkt sollen bargeldlose Transaktionen bereits in Euro abgewickelt werden können. Im Jahr 2002 soll der Euro dann auch im Geldbeutel sein. Die einzelnen Währungen werden abgeschafft und Banknoten und Münzen in Euro umgetauscht.

Die wichtigsten Fragen zum Euro – und die Antworten . . .

Was ist eigentlich eine Währungsunion?

Eine Währungsunion ist eine freiwillige Entscheidung mehrerer Staaten mit unterschiedlichen Währungen, einen gemeinsamen Währungsraum zu schaffen.

Welche Vorteile hat die Währungsunion für Deutschland?

Handel und Investitionen werden durch den Wegfall des Wechselkursrisikos gefördert und die Wettbewerbsvorteile deutscher Unternehmen nicht mehr durch Abwertungen anderer Währungen zunichte gemacht.

Ist die Einführung des Euro eine Art Währungsreform?

Nein. Mit dem Euro wird es keine Entwertung des Geldvermögens geben, lediglich einen Tausch von Mark in Euro. Da sich die Preise im gleichen Verhältnis wie Einkommen oder Ersparnisse ändern, bleibt die Kaufkraft jedes einzelnen voll erhalten. Ein Beispiel: Wer vorher 5000 Mark verdient hat, erhält in Zukunft etwa 2500 Euro. Die Preise gleichen sich ebenso an: Ein Neuwagen, der 50 000 Mark kostete, ist dann eben für 25 000 Euro zu haben.

Welche Länder werden voraussichtlich dabeisein?

Zur Zeit spricht vieles dafür, daß die Währungsunion mit Deutschland, Frankreich, Österreich und den Benelux-Staaten starten wird.

Muß Deutschland die Schulden anderer Länder bezahlen?

Im Maastricht-Vertrag ist festgeschrieben, daß die Mitgliedstaaten nicht gegenseitig für ihre Verbindlichkeiten eintreten. Wie weit Theorie und Praxis dann übereinstimmen werden, bleibt abzuwarten.

Was ist der Unterschied zwischen Euro und Ecu?

Der Ecu ist ein Währungskorb. Die im Ecu-Korb enthaltenen Währungen existieren nach wie vor, der Euro hingegen ist eine völlig neugeschaffene Währung, die die anderen Währungen ersetzt.

Wie wird der Umrechnungskurs von Mark in Euro festgelegt?

Da der Euro am Stichtag bei 1:1 zum Währungskorb Ecu liegen wird, ist ein Kurs von 1,90 DM für einen Euro zu erwarten.

Wie sicher sind die Euro-Renten?

Die Renten werden – zumindest durch den Euro – keinen Wertverlust erleiden. Inwieweit die derzeitige Höhe der Renten sicher ist, ist eine andere Frage. Dies hat jedoch nichts mit dem Euro zu tun, sondern mit dem gesamten System der deutschen Altersversorgung.

Was bekomme ich für meine Anleihen am Fälligkeitstag zurück?

Anleihen werden – wie alle anderen Forderungen (Lebensversicherungen, Bausparguthaben) auch – mit einem festen Faktor umgerechnet. Bei Fälligkeit in den Jahren 1999 bis 2001 wird die Gutschrift noch in Mark erfolgen, ab dem Jahr 2002 in der Euro-Währung.

Was passiert mit meinen Schulden?

Schulden werden ebenfalls in Euro umgerechnet; sie nehmen daher weder ab noch zu.

Welche Zinsen sind unter der Eurowährung zu erwarten?

Zunächst muß sich der Kapitalanleger genauso wie ein Kreditnehmer im klaren sein, daß es innerhalb der Länder der Währungsunion nur noch einen einheitlichen Zins geben kann.

Wenn ein Franzose, ein Belgier oder ein Deutscher bei seiner Hausbank ein Immobiliendarlehen beantragt, dann sind die Zinsen im gesamten Euro-Raum weitgehend gleich. Unterschiede sind nur noch in einer Größenordnung möglich, wie diese auch jetzt schon beispielsweise zwischen der Deutschen Bank in Hamburg und der Sparkasse in Freiburg bestehen.

Es spricht vieles dafür, daß die künftigen Euro-Zinsen sich im Mittelfeld zwischen den derzeitigen Zinssätzen in den Mitgliedstaaten bewegen. Dies bedeutet, daß die Euro-Zinsen etwas höher angesiedelt sein können als die bisherigen DM-Zinsen.

Wie wird sich die Inflationsrate künftig entwickeln?

Wenn sich alle Teilnehmer strikt an den Vertrag halten, ist keine steigende Inflationsrate zu erwarten. Aufgrund der teilweise hohen Arbeitslosigkeit in einigen Ländern und der großen Einkommensunterschiede ist jedoch zu befürchten, daß einige Länder sich nicht immer stabilitätsgerecht verhalten werden. Ob es der Europäischen Notenbank gelingen wird, diese Gefahren im Griff zu halten, ist fraglich.

Welches ist die beste Anlagestratie im Hinblick auf den Euro?

Die Antwort ist einfach: Sie heißt *Sachwerte*! Dazu gehören zunächst einmal Immobilien, aber auch Aktien. Warum Aktien? Aktien sind entgegen landläufiger Meinung keine Geldanlage, sondern eine Beteiligung an dem jeweiligen Unternehmen und somit eine Sachwertanlage.

Welche Aktien profitieren am meisten vom Euro?

Zunächst einmal sind das die Aktien der exportintensiven Unternehmen Europas. Für europäische Konzerne, die ihre Produkte überwiegend exportieren, entfallen nicht nur Währungsrisiken, sondern auch die hohen Kosten für den ständigen Währungsumtausch. Dazu gehören die großen Euro-Multis wie L'Oréal, Michelin, Moulinex, Unilever, Heineken, Royal Dutch, Schering und Beiersdorf.

Soll man DM-Anlagen verkaufen und in US-Dollar tauschen?

Wer diesen Ratgeber bis hierher gelesen hat, der weiß inzwischen, daß jede andere Geldanlage – gleichgültig ob Anleihe, Festgeld, Lebensversicherung oder Sparvertrag – langfristig eine erheblich schlechtere Rendite bietet als Aktien.

Aus diesem Grunde sollte jeder Anleger den Schwerpunkt seiner Vermögensanlagen ausschließlich auf Aktien und Immobilien beschränken. Festgeldanlagen sind maximal in einer Größenordung sinnvoll, um gegen die Unbillen des Alltags gewappnet zu sein.

Wer zur Zeit noch über klassische Geldanlagen verfügt, sollte diese spätestens nach Lesen dieses Ratgebers in Aktienanlagen umtauschen.

Wer Anlagen im Dollar-Raum den Vorzug gibt, braucht sich dabei statt für deutsche oder europäische Aktien lediglich für US-Werte zu entscheiden. Mit dem Kauf von US-Aktien, auch wenn diese in Deutschland auf DM-Basis gehandelt werden, ist man automatisch an dem jeweiligen US-Unternehmen beteiligt und damit auch im Dollar-Raum investiert.

Der Wert von US-Aktien richtet sich stets nach dem Kurs auf Dollar-Basis in den USA, gleichgültig welche Währung wir in Deutschland haben. Wenn Sie Ihre US-Aktien bei einem US-Broker verwahren, können Sie sich bei einem Verkauf den aktuellen Wert auf Dollar-Basis auch in den USA auszahlen lassen.

Mit dem Kauf von US-Aktien schaffen Sie sich ein zweites Standbein in den USA und damit im Dollar-Raum, ohne jemals nach Amerika gereist zu sein oder englische Sprachkenntnisse zu benötigen.

Die Top Ten: Zehn der weltweit besten Aktien

In einem Ratgeber für Aktionäre darf natürlich ein Musterdepot mit den besten Aktien nicht fehlen. In der folgenden Aufstellung finden Sie jedoch nicht die »10 besten Aktien«, sondern eine Auswahl von 10 Aktien aus den weltweit besten Papieren.

Dieser Hinweis ist deshalb wichtig, weil es in manchen Branchen tatsächlich mehrere gleichwertig gute Unternehmen gibt. Wenn Sie in Deutschland den Kursverlauf der Chemieaktien BASF, Bayer und Hoechst vergleichen, dann stellen Sie fest, daß alle drei Titel seit Jahrzehnten nahezu kontinuierlich laufen. Dennoch wäre es Unsinn, wenn ein Anleger, der eine deutsche

Chemieaktie in sein Depot aufnehmen möchten, nun gleich alle drei Titel kauft.

Ähnlich ist es bei einigen Bankaktien, in der Pharmabranche und auch bei den Ölkonzernen. Wenn Sie deshalb in der nachfolgenden Tabelle die eine oder andere Aktie nicht finden, dann heißt das nicht, daß dieses Unternehmen in jedem Fall schlechter sein muß als das in der Aufstellung genannte.

Bei der Auswahl haben wir nicht nur auf die Qualität des jeweiligen Unternehmens geachtet, sondern auch auf eine ausgewogene Mischung in Bezug auf Länder und Branchen.

Die Top Ten

1. General Electric (USA)

Der Elektrokonzern gehört zu den ältesten und erfolgreichsten Unternehmen der Welt. Seit Gründung der Firma vor rund 100 Jahren schafft es das Unternehmen, nahezu ausnahmslos Jahr für Jahr Umsatz, Gewinn, Dividende und damit auch den Aktienkurs zu steigern. Kein Wunder, daß General Electric auch als Liebling der Börse bezeichnet wird. Das Unternehmen hat heute einen Börsenwert von über 300 Milliarden Dollar, mehr als jede andere Firma auf der Welt (der Börsenwert errechnet sich aus dem Aktienkurs, multipliziert mit der Stückzahl sämtlicher Aktien). Zum General-Electric-Reich, das vom Rockefeller Center in New York gesteuert wird, zählen neben Kraftwerken, Kunststoff- und Flugmotorenfabriken inzwischen auch Banken, Leasingfirmen und der Fernsehsender NBC.

Aus 10 000 DM wurden bei General Electric:
in den letzten 5 Jahren: 30 000 DM
in den letzten 10 Jahren: 60 000 DM
in den letzten 20 Jahren: 200 000 DM

2. Coca-Cola USA

Coca Cola ist der bekannteste Markenartikel der Welt. Die unverändert steigende Weltbevölkerung wird bei Coca Cola auch in den nächsten Jahrzehnten für steigende Umsätze, Gewinne und höhere Aktienkurse sorgen.

Aus 10 000 DM wurden bei Coca-Cola:
in 5 Jahren: 40 000 DM
in 10 Jahren: 100 000 DM
in 20 Jahren: 400 000 DM

3. EXXON (USA)

Exxon ist der größte Energiekonzern der Welt. Neben dem klassischen Benzingeschäft (Esso) werden im Bereich Erdgas, aber auch mit chemischen Spezialprodukten für die Industrie große Umsätze erzielt. Umsatz, Gewinn, Dividende und Aktienkurs werden seit Jahrzehnten kontinuierlich gesteigert. Die Aktie verzeichnet vor allem in Krisenzeiten nur unterdurchschnittliche Rückschläge.

Was wurde aus 10 000 DM bei Exxon?

in 5 Jahren: 20 000 DM
in 10 Jahren: 30 000 DM
in 20 Jahren: 100 000 DM

4. Microsoft Software (USA)

Die Softwarebranche gehört zu den am schnellsten wachsenden Industriezweigen der letzten 20 Jahre. Wer in diese Branche investiert, muß von jeher mit erheblich höheren Kursschwankungen leben als beispielsweise bei Konsumgütern. Den höheren Kursrisiken stehen jedoch entsprechend hohe Kurschancen gegenüber. Daher kann in einem Depot mit rund zehn verschiedenen Aktien auch eine Software-Aktie enthalten sein. Microsoft ist die Nummer eins im Softwaregeschäft und hat damit die besten Voraussetzungen, auch stürmische Zeiten am unversehrtesten zu überstehen.

Was wurde aus 10 000 DM bei Microsoft?

in 5 Jahren: 70 000 DM
in 10 Jahren: 600 000 DM

5. Roche Pharma (Schweiz)

Als internationaler Konzern mit Sitz in der Schweiz erforscht, entwickelt, produziert und verkauft Roche weltweit Produkte für die Gesundheit. Zur Zeit erzielt der Konzern einen Umsatz von 20 Milliarden DM. Über 50 000 Mitarbeiter sind bei Roche beschäftigt. Für Forschung werden über 2 Milliarden DM jährlich aufgewandt, auch das ein Grund für die führende Rolle im Bereich der Biotechnologie.

Schweizer Aktien sind von jeher schon teuer, deshalb muß ein Anleger für die in Deutschland auf DM-Basis gehandelten sogenannten Roche-Partizipationsscheine (eine Art Vorzugsaktien) über 10 000 DM pro Stück auf den Tresen blättern. Wem dieser Betrag für eine einzelne Aktie zu hoch ist, kann problemlos auf einen anderen Pharmawert mit »günstigerem« Aktienkurs ausweichen, beispielsweise Glaxo-Wellcome, Europas größten Pharmakonzern mit Sitz in England.

Was wurde aus 10 000 DM bei Roche?

in 5 Jahren:	30 000 DM
in 10 Jahren:	100 000 DM
in 20 Jahren:	200 000 DM

6. Unilever (Niederlande)

Unilever gehört zu den größten Konsumgüterherstellern Europas. Der Schwerpunkt liegt in den Bereichen Waschmittel (Unilever, Sunil, Omo, Weißer Riese), Nahrungsmittel (Rama, Du Darfst, Livio, Lätta, Iglo, Langnese) sowie Kosmetik (Lux, Oil of Olaz). Dagegen wurden die ebenfalls dazugehörenden Nordsee-Fischgeschäfte und -Restaurants verkauft. Die Aktie zeichnet sich seit Jahrzehnten durch konstantes Wachstum ohne große Rückschläge aus und ist eine der besten Langfristanlagen in Europa.

Was wurde aus 10 000 DM bei Unilever?

in 5 Jahren:	20 000 DM
in 10 Jahren:	40 000 DM
in 20 Jahren:	300 000 DM

7. Lloyds Bank (Lloyds-TSB Group) England

Auch wenn es kaum einem Anleger bekannt ist, so ist es dennoch richtig: Die erfolgreichste Bank Europas und eine der erfolgreichsten der Welt kommt aus Großbritannien. Die frühere Lloyds Bank wurde im Jahr 1986 nach der Übernahme der Finanzgruppe TSB umbenannt und erhielt den neuen Doppelnamen Lloyds-TSB. Die neue Lloyds-TSB Bank gehört zusammen mit der Hongkong-Shanghai Bank und der Bank of Tokyo zu den drei größten Banken der Welt. Außerdem findet man Lloyds unter den 30 Firmen mit der weltweit höchsten Börsenkapitalisierung. Der Marktwert belief sich zuletzt auf über 100 Milliarden DM.

Was wurde aus 10 000 DM bei der Lloyds-TSB Bank?

in 5 Jahren: 40 000 DM
in 10 Jahren: 120 000 DM
in 20 Jahren: 300 000 DM

8. Canon Japan

Der japanische Elektronik-Konzern ist innerhalb seiner Branche führend in Forschung und Entwicklung. Mit über 1000 neuen Patentanmeldungen sind die japanischen Entwicklungsingenieure Weltmeister. Dies sichert langfristig einen Spitzenplatz auf dem Weltmarkt für Büroelektronik.

Die Canon-Aktie verzeichnet seit Jahrzehnten steigende Kurse. Der auf den ersten Blick bescheiden erscheinende Kursgewinn muß jedoch vor dem Hintergrund einer fallenden Börse in Japan gesehen werden. Eine Wertsteigerung von 10 000 auf 25 000 DM in den letzten fünf Jahren erscheint dann in ganz anderem Licht, wenn man berücksichtigt, daß sich in diesem Zeitraum der japanische Aktienindex halbiert hat. Sobald es mit den japanischen Aktien auf breiter Front wieder einmal aufwärts geht, gehört die Canon-Aktie sofort zu den Hauptgewinnern.

Was wurde aus 10 000 DM bei Canon?

in 5 Jahren: 25 000 DM
in 10 Jahren: 50 000 DM
in 20 Jahren: 100 000 DM

9. VEBA (Deutschland)

In eine Auswahl von 10 der besten internationalen Aktien gehört mindestens auch ein deutscher Titel. Echte Wachstumsaktien, also Aktien, deren Kurs seit Jahrzehnten kontinuierlich steigt, sind auf dem heimischen Kurszettel rar. In Deutschland überwiegen zyklische, das heißt konjunkturabhängige Aktien. Gerade einmal eine Handvoll Papiere schaffen es, sich dem Auf und Ab an der Börse weitgehend zu entziehen. Dazu gehören neben Veba noch die Aktien von Viag, RWE, Schering und Beiersdorf. Für die Auswahl der Top Ten haben wir uns für Veba entschieden, nicht zuletzt wegen der hohen Marktkapitalisierung.

Was wurde aus 10 000 DM in Veba-Aktien?

in 5 Jahren:	25 000 DM
in 10 Jahren:	40 000 DM
in 20 Jahren:	100 000 DM

10. L'Oréal Kosmetik (Frankreich)

Mit Aktien von L'Oréal beteiligen Sie sich am größten Kosmetikkonzern der Welt. Die bekanntesten Markenprodukte sind Lancôme, Biotherme, Héléne Rubinstein, Paloma Picasso, El Vital, Guy Laroche und Armani. Das Geschäft mit der Schönheit beschert den Aktionären seit Jahrzehnten kontinuierliche Gewinne. Es spricht vieles dafür, daß sich hieran auch in Zukunft wenig ändern wird.

Was wurde aus 10 000 DM bei L'Oréal?

in 5 Jahren:	30 000 DM
in 10 Jahren:	80 000 DM
in 20 Jahren:	400 000 DM

Wo kauft man am besten Auslandsaktien?

In der obigen Aufstellung der »Top Ten«-Aktien finden Sie neben der heimischen VEBA insgesamt neun Auslandsaktien. Welche Besonderheiten muß man beim Kauf von Auslandsaktien beachten? Kann man diese Aktien jederzeit kaufen und verkaufen, genauso wie deutsche Aktien? Und wenn ja, wie steht es mit den Bankgebühren und dem Währungsrisiko?

Alles Fragen, die uns immer dann gestellt werden, wenn es um den Kauf von Auslandsaktien geht. Viele Anleger besitzen nur deshalb oft keine Auslandsaktien, weil Ihnen die Abwicklung zu kompliziert oder das Risiko zu groß erscheint.

Genauso wie deutsche Aktien unterliegen auch Aktien von Auslandsfirmen Kursschwankungen, nach oben wie nach unten. Entscheidend für den künftigen Erfolg eines Unternehmens ist nicht das Land, in dem das Unternehmen seinen Sitz hat, sondern ausschließlich der Erfolg der Produkte.

Kann die Firma auch in Zukunft Umsatz, Gewinn und Dividende steigern, dann wird auch der Aktienkurs steigen. Dies gilt für inländische wie für ausländische Firmen.

Die meisten Aktien von ausländischen Firmen werden längst in Deutschland auf DM-Basis gehandelt. Es macht daher beim Kauf und beim Verkauf keinen Unterschied mehr, ob Sie statt einer heimischen Siemens-Aktie eine amerikanische General-Electric-Aktie kaufen oder statt einer Deutschen Bank die englische Llodys Bank.

In beiden Fällen erteilen Sie den Kaufauftrag Ihrem Depotberater bei Ihrer Hausbank. Weisen Sie jedoch vorsorglich darauf hin, daß er die Auslandsaktien in Deutschland kaufen soll. In diesem Fall ist die Kaufabrechnung von Auslandsaktien mit denen von deutschen Aktien identisch. Die Bank berechnet Ihnen dieselben Gebühren, und die Abwicklung erfolgt in der Regel am gleichen Tag.

Wie ist das mit den sogenannten »engen Märkten«?

Die Profis unter den Lesern werden spätestens jetzt einwenden, daß man diese pauschale Empfehlung für den Kauf von Auslandsaktien nur mit Einschränkung machen kann und daß man dabei auf einige Besonderheiten achten muß. Diese wollen wir Ihnen selbstverständlch nicht verschweigen.

Ein Problem beim Kauf von Auslandsaktien ist,

daß manche Werte nur in kleiner Stückzahl in Deutschland gehandelt werden. So kann man beispielsweise Aktien des holländischen Nahrungsmittelmultis Unilever in fast jeder Größenordnung hierzulande kaufen. Unilever gehört zu den umsatzstarken Auslandsaktien.

Dagegen wird Ihre Hausbank Mühe haben, beispielsweise für 50 000 oder 100 000 DM Aktien der englischen Lloyds Bank zu kaufen. Die englische Bank gilt hierzulande als umsatzschwache Aktie, obwohl an der Heimatbörse in London täglich für über eine Milliarde DM Lloyds-Aktien gehandelt werden.

Aus diesem Grunde gilt folgende Faustregel beim Kauf von Auslandsaktien: Kaufaufträge bis ca. 10 000 DM pro Aktie sollten auf jeden Fall an der deutschen Börse abgewickelt werden. Vorsorglich kann der Kaufauftrag mit einem Preislimit versehen werden. In diesem Fall wird die Aktie nur zu dem vorgegebenen Kurs gekauft.

Beispiel: Sie sehen im Kursteil Ihrer Tageszeitung, daß die Lloyds-Aktie beispielsweise am Vortag in Frankfurt für 20 DM gehandelt wurde. Wollen Sie für 10 000 DM diese Aktien kaufen, geben Sie Ihrer Bank einen Kaufauftrag über 500 Stück mit einem Limit von 20 DM. Damit ist sichergestellt, daß Sie nicht aufgrund geringer Umsätze den Aktienkurs mit Ihrem eigenen Auftrag »hochtreiben«.

Bei manchen Aktien kann es allerdings unter Umständen auch mehrere Tage dauern, bis Ihre Hausbank die gewünschte Stückzahl beisammen hat.

Wem diese Prozedur zu umständlich ist, kann seiner Bank auch den Auftrag erteilen, die gewünschten Auslandsaktien in jedem Fall an der jeweiligen Heimatbörse zu kaufen. Dabei leitet die Bank den Kaufauftrag für Lloyds-Aktien nach London weiter, den Auftrag für General-Electric-Aktien nach New York und den Auftrag für die Papiere von L'Oréal nach Paris.

In diesem Fall haben Sie die Gewähr, daß Sie auch für Millionenbeträge an jedem Tag des Jahres Aktien kaufen oder verkaufen können. Nachteilig beim Aktienkauf an Auslandsbörsen sind lediglich die höheren Spesen. Weil ein solcher Auftrag von zwei Börsenmaklern bearbeitet wird, fallen auch doppelt so hohe Spesen an.

Für einen Langfristanleger, der seine Aktien oft über viele Jahre behält, sind diese höheren Spesen jedoch kein Problem. Deshalb muß jeder Anleger für sich selbst abwägen, was ihm lieber ist: die einfachere Abwicklung zu höheren Spesen an der Auslandsbörse oder die unter Umständen etwas mühsame Abwicklung hierzulande, dafür jedoch mit geringeren Kosten.

Lassen Sie sich bitte von diesen kompliziert erscheinenden Abwicklungen nicht irritieren. Die meisten Auslandsaktien werden in derart großen Stückzahlen hierzulande gehandelt, daß der Privatanleger kein Problem beim Kauf und Verkauf hat. Bei den Titeln mit einem sogenannten »engen Markt« wird Ihnen ein guter Bankberater von sich aus die beste Empfehlung für die Kauf- oder Verkaufsabwicklung geben.

Hier ein paar Beispiele der Tagesumsätze ausländischer Aktien in Deutschland. Sie sehen dabei selbst, welche erheblichen Beträge selbst in Auslandsaktien jeden Tag an der Börse umgesetzt werden.

Auslands-Aktie	Tagesumsatz in Deutschland
Alcatel Frankreich	5 Mio. DM
BP England	2 Mio. DM
Euro Disney Frankreich	300 000 DM
Fiat Italien	4 Mio. DM
Gen. Motors USA	1 Mio. DM
Hongkong-Bank	5 Mio. DM
IBM USA	15 Mio. DM
Nestlé Schweiz	8 Mio. DM
Philip Morris USA	5 Mio. DM
Philips Holland	6 Mio. DM
Royal Dutch Holland	10 Mio. DM
Sony Japan	5 Mio. DM
Unilever Holland	9 Mio. DM

Börse & Computer: Gewinne auf Knopfdruck?

Welche Vorteile bietet ein Computer einem Aktionär? Lohnt sich die Anschaffung, und wenn ja, welche Börsensoftware soll man einsetzen? Wie kann ein Computer helfen, die Anlageergebnisse zu verbessern, und wo sind seine Grenzen? Fragen über Fragen.

Der Computer zur Depotverwaltung

Der einfachste Weg, einen Computer im Börsengeschäft einzusetzen, ist zur Verwaltung des vorhandenen Aktiendepots. Alle Angaben, die man bisher mühsam per Hand notierte, sind künftig im Computer erfaßt.

Dies ist vor allem für solche Anleger interessant, die ihre Börsenerfolge oder -mißerfolge ständig exakt kennen wollen. Sozusagen auf Knopfdruck kann der Anleger mit Hilfe des Computers von jeder Aktie nahezu sämtlichen Daten abfragen: Kaufzeitpunkt, Kaufkurs, Gesamtaufwand für die Aktie, bisher ausgeschüttete Dividende, Wertentwicklung seit Kauf, Wertentwicklung per annum. Und selbstverständlich speichert der Computer auch alle steuerlich relevanten Daten.

Was für die einzelne Aktie gilt, ist auch für das gesamte Depot nachvollziehbar. Die meisten Computerprogramme zur Depotverwaltung besitzen auch ein sogenanntes »Gegenkonto«. Auf diesem Konto werden beispielsweise sämtliche Verkaufserlöse aus Aktienverkäufen gebucht. Schließlich muß für eine korrekte Renditeberechnung auch die Liquidität mit einbezogen werden.

Es soll Anleger geben, die einfach jede Aktie, die im Verlust liegt, verkaufen. Die im Depot befindlichen Aktien weisen in diesem Fall ausnahmslos erfreuliche Gewinne aus. Diesen Gewinnen müssen jedoch die Gewinne oder Verluste aus realisierten Verkäufen hinzugerechnet werden, um einen echten Überblick über den Erfolg eines solchen Depots zu erhalten.

Dies ist nur mit dem bereits erwähnten »Gegenkonto« möglich, auf dem die Liquidität mit berücksichtigt wird. Genauso wichtig für die korrekte Ermittlung der Wertentwicklung eines Depots ist die Berücksichtigung von Aufstockungen durch »frisches Geld«.

Die meisten Anleger arbeiten im Lauf der Jahre nicht mit demselben Anfangskapital, sondern stocken dieses häufig mit zusätzlichen neuen Mitteln auf. Oft wird auch ein Teil des Kapitals entzogen, weil vielleicht gerade ein neues Auto fällig war oder die Tochter heiratete.

Anleger, die ihr Depot »per Hand« verwalten, vernachlässigen solche Veränderungen meist. Sie ermitteln deshalb fast immer eine zu hohe oder zu niedrige echte Rendite. Nicht wenige Anleger haben sich schon »reich gerechnet«, nur weil sie das in der Tat komplizierte Verfahren einer echten Wertermittlung nicht beherrschten.

Dies ist eine ideale Aufgabe für einen Computer mit der entsprechenden Börsensoftware. Allerdings laufen Sie beim Einsatz eines Computers für Ihre Börsengeschäfte Gefahr, daß das Elektronengehirn Ihnen die Freude an Ihren scheinbar hohen Ergebnissen nimmt, weil es plötzlich echte Ergebnisse liefert.

Welcher Computer ist für Börsengeschäfte empfehlenswert?

Wenn Sie mit Ihrem Computer lediglich Ihre Börsengeschäfte verwalten und ihn nicht auch noch für berufliche Arbeiten einsetzen, genügt ein gängiger »IBM-kompatibler« Rechner mit den Betriebssystemen MS-DOS, Windows 3.x oder Windows 95, entwickelt übrigens von einem unserer Top-Ten-Unternehmen, Microsoft. Als Bildschirm empfiehlt sich ein Farbmonitor, damit Sie später auch den Kursverlauf Ihrer Aktien farbig darstellen können.

Wie kommen die Kurse in den Computer?

Ein Computer kann nur dann Statistiken erstellen und Ergebnisse berechnen, wenn er über die erforderlichen Daten verfügt. Deshalb mußten bis vor wenigen Jahren die meisten Daten und Kurse per Hand mühsam eingetippt werden.

Diese Zeiten sind glücklicherweise längst vorbei. Heute werden die Aktienkurse automatisch innerhalb weniger Sekunden über die Telefonleitung direkt in den Computer überspielt. Technische Voraussetzung hierfür ist ein sogenanntes Modem oder – bei vorhandenem ISDN-Anschluß – eine ISDN-Karte, die in den Computer eingebaut und ebenso wie das Modem mit der Telefonleitung verbunden wird.

Das Modem setzt die akustischen Signale, die

über die Telefonleitung ankommen, in Daten um, die dann im Computer gespeichert werden. Mit einem solchen Modem, das in modernen Computern bereits zur Serienausstattung gehört, oder einer ISDN-Karte wird der Computer zum weltweit einsatzfähigen Kommunikationsmedium. Damit kann man von Datenbanken nicht nur Aktienkurse abrufen, sondern auch Bankgeschäfte tätigen, Reisen buchen und vieles mehr.

Bei ISDN erfolgt die Übertragung übrigens um ein Vielfaches schneller und damit gebührensparender als beim Modem, weil die Umwandlung von digitalen in analoge Signale und wieder zurück entfällt.

Die Aktienanalyse per Computer

Wer einmal einen Computer zur Depotverwaltung bzw. Depot-Buchhaltung eingesetzt hat, ist damit bald nicht mehr zufrieden. Schließlich steht man damit erst ganz am Anfang der Möglichkeiten. Die meisten Privatanleger, die heute mit einem Computer arbeiten, nutzen diesen neben der Depotverwaltung vor allem zur Aktienanalyse.

Wie bereits oben erwähnt, ist es mit Hilfe eines Modems beziehungsweise ISDN möglich, via Telefonleitung in Minuten- beziehungsweise Sekundenschnelle jeden Tag die Kurse Tausender von Aktien weltweit ins Wohnzimmer zu holen. Wenn diese Datenfülle erst einmal im Computer ist, liegt es auf der Hand, diese Daten auch auszuwerten.

Die einfachste Möglichkeit, die Kursdaten zu nutzen, ist die Chartanalyse. Nahezu jede Börsensoftware bietet heute die Möglichkeit, auf Knopfdruck den graphischen Kursverlauf jeder gewünschten Aktie auf den Bildschirm zu holen.

Es ist schon beeindruckend, wenn man miterlebt, wie sich beispielsweise der Kursverlauf einer Unilever-Aktie langsam, aber sicher von links unten nach rechts oben auf dem Bildschirm »aufbaut«. Ganz besonders spannend ist dies natürlich dann, wenn man diese Aktie bereits im Depot hat.

Längst ist es auch möglich, den Chart einer Aktie mit dem Kursverlauf einer anderen Aktie zu »überlagern«. Auf diese Weise erkennt man auf einen Blick, welche Aktie im langfristigen Vergleich das bessere Papier ist. Genauso gut läßt sich jede Aktie auch mit dem jeweiligen Landesindex überlagern.

Was für Aktien gilt, gilt natürlich ebenso für Währungen, Zinsen, Optionsscheine und für alles, was sonst noch an der Börse gehandelt wird. Wer sich einmal einen Computer mit einer entsprechenden Börsensoftware angeschafft hat, kommt davon so schnell nicht wieder los.

Gleichgültig, ob aktuelle Börsenkurse, neueste Unternehmensmeldungen oder heiße Aktientips: Als Computerbesitzer mit Modem beziehungsweise ISDN erhalten Sie heute zeitgleich dieselben Informationen wie die Profis.

Computerfreaks rufen längst nicht mehr bei ihrer Hausbank an, wenn Sie einen Aktienkurs brauchen, noch warten sie auf ihre Tageszeitung. Die Lösung des Problems heißt Online-Infos via Internet.

Über 35 Millionen Teilnehmer nutzen weltweit bereits die Informationsmöglichkeiten über Internet. Täglich kommen Tausende hinzu. Der Zugang ist so einfach wie nie zuvor. Die Uhrzeit spielt längst keine Rolle mehr, gleichgültig ob frühmorgens oder um Mitternacht, das Internet hat ständig geöffnet.

Geldanleger finden im Internet ein besonders großes Angebot: von Aktien und Analysen bis hin zu Börsenclubs, wo Hobby-Anleger beim Online-Plausch neueste Tips und Gerüchte austauschen.

Der heimische Kommunikationsdienst T-Online (früher BTX) bietet seinen rund 1,6 Millionen Nutzern hierzulande seit kurzem einen besonders komfortablen Zugang ins weltweite Internet mit 35 Millionen Teilnehmern.

Mit nur einem »Klick« ist der Wechsel vom nationalen »T-Online« ins internationale »Internet« möglich. Dadurch ist auch eine parallele Nutzung möglich. Schon heute nutzen Hunderttausende T-Online-Kunden die Vorteile des Online-Banking. Sie erledigen von zu Hause aus ihre Bankgeschäfte wie Überweisungen, Daueraufträge, Kontoauszüge usw.

Kleines Börsen-Abc

Baisse
Wenn Aktienkurse über einen Zeitraum von Wochen oder Monaten im Kurs permanent sinken, sprechen Anleger von einer »Baisse«. Sie ist das Gegenteil einer »Hausse«, also einer Phase steigender Kurse.

Bezugsrechte
Als Aktionäre erhalten wir nicht nur jährlich unsere Dividende, sondern ab und zu auch ein Angebot des Unternehmens, neue Aktien zu einem Sonderpreis zu beziehen. Lehnen wir den Kauf neuer Aktien ab, weil wir beispielsweise gerade kein Geld haben, können wir unser Bezugsrecht an einen anderen Anleger verkaufen. Dieses sogenannte Bezugsrecht ist eine Art Gutschein für den Erwerb neuer Aktien zum Sonderpreis. Den Verkauf dieses Bezugsrechts, dessen Wert täglich an der Börse ermittelt wird, übernimmt die Bank.

Blue Chips
ist der Sammelbegriff für Aktien der besten Unternehmen eines Landes. In Deutschland gehören

dazu beispielsweise Deutsche Bank, Allianz, Siemens, Daimler-Benz; in den USA: Coca-Cola, Philip Morris; in Japan: Sony, Toyota.

Bonität
Dieser Begriff steht für die Qualität eines Schuldners. Der Ruf eines Unternehmens hängt von seiner Bonität ab. Verschafft sich ein Unternehmen am Kapitalmarkt Kredite, wird von Analysten zunächst die Bonität dieser Firma geprüft. Im Klartext heißt das: Wie groß ist die Chance, daß Zinsen und später die Tilgung pünktlich zurückgezahlt werden? Entsprechend dieser Einschätzung bekommt das Unternehmen den Kredit über die Anleihe zu unterschiedlichen Zinsen. Je größer die Banken das Risiko einschätzen, um so höher ist der Zinssatz, den die Unternehmen bezahlen müssen.

Bookbuilding-Verfahren
Bei der Einführung neuer Aktien an der Börse wird neben dem Festpreisverfahren seit 1995 auch das sogenannte Bookbuilding-Verfahren angewendet. Zunächst wird nur eine Preisspanne vorgegeben. Aus dem Durchschnitt der Anleger-Gebote wird dann der Plazierungspreis ermittelt. Die größte Bookbuilding-Emission in der Vergangenheit war die Einführung der Deutsche-Telekom-Aktie. Hier konnte der Anleger in der Preisspanne zwischen 25 und 30 DM bieten.

Broker
Der Broker ist ein Aktienhändler.

Bullen & Bären
sind Börsenausdrücke für Spekulanten. Ein »Bulle« ist ein Optimist. Er sieht die Kurse steigen und kauft deshalb Aktien. Der »Bär« dagegen ist pessimistisch und erwartet sinkende Kurse; deshalb gehört er zu den Verkäufern. Selbstverständlich kann ein »Bär« jederzeit zum »Bullen« werden. Sicher ist jedoch, daß stets nur einer mit seiner Einschätzung richtig liegt.

Call
Der Begriff »Call« kommt aus dem Optionsgeschäft und bezeichnet ein Wertpapier, mit dem auf steigende Kurse spekuliert wird. Das Gegenteil von »Call« ist der »Put«, er steht für Wertpapiere, mit denen man auf sinkende Kurse spekuliert.

Chart
Charts sind die »Fieberkurven« der Börse. Anders ausgedrückt: Ein Chart ist die graphische Darstellung des Kursverlaufs einer Aktie.

Crash
»Crash« nennen Börsianer einen außergewöhnlich starken Kursrückgang am Aktienmarkt. Im Grunde genommen ist dieses Wort falsch, denn es bedeutet, daß etwas zu Boden fällt, zerbricht und damit kaputt ist. Genau das passiert an der

Börse eben nicht. Da sich Aktien bisher von jedem Rückschlag erholt haben und danach sogar neue Höchstkurse erreichten, sollte das Wort Crash im Börsengeschäft nicht mehr verwendet werden.

Derivate
»Derivate« sind moderne Finanzinstrumente wie Optionen, Optionsscheine, Futures, Swaps und so weiter.

Deutsche Terminbörse (DTB)
Die Deutsche Terminbörse ist eine Computerbörse; sie ermöglicht den Handel von Derivaten via Bildschirm.

Diskontsatz
Eine Erhöhung des Diskontsatzes durch die Deutsche Bundesbank erhöht die Kreditkosten, was die Konjunktur dämpft. Durch Senkung des Diskontsatzes werden Bankkredite billiger, die Konjunktur wird belebt. In fast jeder Wirtschaftssendung ist der Diskontsatz vor allem dann ein Thema, wenn die Bundesbank den Diskontsatz nach oben oder unten verändert hat. Allein schon die Vermutung, daß es zu einer Änderung kommen könnte, sorgt an der Börse für Spekulationen.

Dividende
Die Dividende ist der eigentliche Ertrag eines Aktionärs. Hierbei handelt es sich um den Teil des Jahresgewinns eines Unternehmens, der an die

Aktionäre ausgezahlt wird. Die meisten Firmen versuchen, unabhängig vom Ertrag, die jährliche Dividende möglichst konstant zu halten. Allerdings gibt es keine Gewähr, daß sie auch in Zukunft gezahlt wird, da es sich ja um eine Gewinnausschüttung handelt, die auch ausfallen kann, sollte einmal kein Gewinn erzielt werden.

Emerging Markets
»Emerging Markets« sind aufstrebende Märkte in Schwellenländern. Dazu gehören fast alle Länder in Südostasien, China, Indien, aber auch die neuen Ostländer wie Tschechien und Polen. Investitionen in diesen Ländern sind meist riskant, da die politische Situation sowie die Währung noch instabil sind, was zu heftigen Kursverlusten führen kann.

Freistellungsauftrag
Er ist eine Möglichkeit, Steuern zu sparen. Wenn Sie bei Ihrer Bank das ausgefüllte Freistellungsformular abgeben, können Sie als Alleinstehender bis zu 6000 DM jährlich Zinsen steuerfrei kassieren (bei Verheirateten bis zu 12 000 DM).

Futures
Futures sind Termingeschäfte. Waren (aber auch Anleihen oder Indizes) werden auf Termin zu festen Konditionen gehandelt.

Geldmenge
Im Grunde genommen ist mit diesem Begriff schon gesagt, was er bedeutet. Es handelt sich

um die Summe des gesamten Bargeldbestandes in einem Land. Dazu gehören Geldscheine und Münzen, das heißt alles, was wir im Geldbeutel, aber auch auf dem Girokonto oder Sparbuch besitzen. Die Höhe der Geldmenge ist Anhaltspunkt für die zu erwartende Inflationsrate und somit auch für die künftige Zinsentwicklung. Aus diesem Grund ist die Geldmenge für Börsenspekulanten ein wichtiger Indikator.

Going Public
Unter »Going Public« versteht man den Gang einer Aktiengesellschaft an die Börse.

Hausse
Die »Hausse« ist das Gegenteil einer »Baisse«. Wenn Aktien über einen längeren Zeitraum kontinuierlich steigen, sprechen die Börsianer von einer Hausse, wenn die Kurse fallen, von einer Baisse.

Insider
Ein Insider hat Kenntnis von noch nicht veröffentlichten Firmenmeldungen und nutzt diese für Wertpapiergeschäfte. Solche Firmenmeldungen müssen jedoch von der Gesellschaft für alle Personen zeitgleich weitergegeben werden, um Chancengleichheit zu schaffen. Insidergeschäfte sind deshalb verboten und werden strafrechtlich verfolgt. Man bezeichnet diese Art Geschäfte auch als »Front-Running«.

Junk-Bonds
»Junk-Bonds« heißt wörtlich übersetzt »Schrott-Anleihen«. Einfach ausgedrückt, handelt es sich dabei um Anleihen von unsicheren Schuldnern. Diese Anleihen werfen zwar höhere Zinsen ab als normale Anleihen – schließlich müssen schwache Schuldner etwas drauflegen, um Käufer für ihre Finanzprodukte anzulocken –, für den Anleger besteht aber das Risiko, sein Geld ganz oder teilweise zu verlieren.

LIFFE
steht als Abkürzung für London International Financial Futures Exchange. Die LIFFE ist die Terminbörse in London, gehandelt werden dort Finanzterminkontrakte auf Währungen, Zinsen oder Indizes.

Marge
ist die Spanne zwischen An- und Verkaufskursen.

Market Maker
Ein »Market Maker« handelt Wertpapiere ausschließlich auf eigene Rechnung und eigenes Risiko. Seine Handelsbereitschaft bringt er dadurch zum Ausdruck, daß er anderen Marktteilnehmern grundsätzlich zwei Kurse anbietet: einen Geldkurs, zu dem er kaufen, und einen Briefkurs, zu dem er verkaufen will.

Nachbörse
ist der Wertpapierhandel, der nach dem offiziellen Schluß des Parketthandels stattfindet. Der nachbörsliche Handel wird über das Computerhandelssystem IBIS abgewickelt.

Neuemission
Wenn Aktien einer Firma das erste Mal an der Börse eingeführt werden, spricht man von einer Neuemission. Die Kursentwicklung ist wie bei den etablierten Aktien. Manche steigen nach dem Kauf, andere bleiben unverändert, und wieder andere bescheren dem Käufer Verluste. Bis heute gibt es keinen Beweis, daß die Anlage in neuen Aktien längerfristig eine bessere Rendite bringt als der Kauf klassischer Aktien.

Notenbank
Sie ist die Bank, die das Recht zur Ausgabe von Banknoten besitzt. In Deutschland ist das die Deutsche Bundesbank.

OTC-Aktien
OTC ist die Abkürzung für Over the Counter, das heißt: über den Schalter. OTC-Aktien sind zum offiziellen Börsenhandel nicht zugelassene Wertpapiere in den USA. Der OTC-Markt wird auch als Freiverkehrsmarkt bezeichnet.

Parkett
ist ein älterer Ausdruck für den Börsensaal. Mit Parketthandel ist das Geschäft gemeint, das in der Börse von Händler zu Händler abgewickelt wird.

Penny-Stocks
Unter diesem Börsenbegriff versteht man sogenannte Pfennig-Aktien. Sie kosten häufig nicht viel mehr als einen Dollar. Die meisten Penny-Stocks gibt es in den USA, in Kanada und Australien. Amerikanische Pfennig-Aktien nennt man oft auch OTC-Aktien, nach der amerikanischen Freiverkehrsbörse.

Performance
Dieses neudeutsche Wort steht für »Rendite«. Die Performance sagt dem Anleger beispielsweise, wie gut eine Vermögensverwaltungs- oder eine Investmentfonds-Gesellschaft gearbeitet hat.

Rally
(engl. Erholung) ist eine Börsentendenz mit stark steigenden Kursen.

Rendite
Sie wird auch »Performance« genannt und bezeichnet den Ertrag, den eine bestimmte Kapitalanlage erbringt. Dazu gehören bei Aktien nicht nur Dividenden, sondern auch Kursgewinne. Ganz wichtig ist, ob eine bestimmte Rendite steuerfrei bleibt (wie die Kursgewinne

bei Aktien) oder ob sie versteuert werden muß (wie beispielsweise Anleihen oder Festgeld).

REX
ist die Abkürzung für »Deutscher Renten-Index«. Mit einem Blick auf den REX können wir die tägliche Kursentwicklung am Rentenmarkt erkennen. Der Deutsche Renten-Index setzt sich aus Bundesanleihen, Bundesobligationen, Schatzanweisungen und so weiter zusammen. Ein sinkender Rentenindex signalisiert steigende Zinsen, während ein steigender REX dem Anleger zeigt, daß die Zinsen rückläufig sind.

Schwarzer Montag
So wird der 19. Oktober 1987 bezeichnet. An diesem Tag kam es an den Weltbörsen zu einem extremen Kurssturz. Der Dow-Jones-Index verlor an nur einem Tag 508 Punkte oder 22,6 Prozent.

Small Caps
ist auch einer der vielen neuen Begriffe aus dem Börsengeschäft. Damit ist nichts anderes gemeint als Aktien kleinerer Gesellschaften. Mancher Börsianer bezeichnet diese Aktien aus der zweiten Reihe auch als Nebenwerte. Das Kursrisiko bei Small Caps ist meist höher als bei Blue Chips.

Stockdividende
Einige Unternehmen bieten ihren Aktionären am Dividendentermin statt einer Dividende Gratisaktien an. Diese werden »Stockdividende« ge-

nannt. Wer sich für diese Aktien entscheidet, erhält kein Bargeld, dafür erhöht sich entsprechend der Aktienbestand. Gratisaktien werden aber wie eine Bardividende bewertet und sind deshalb ebenfalls steuerpflichtig.

Ultimo
ist der letzte Tag des Monats. Im Börsengeschäft ist »Ultimo« ein besonders wichtiger Termin, da an diesem Tag alle limitierten Kauf- und Verkaufsaufträge auslaufen.

Volatilität
Unter Volatilität versteht man die Schwankungsbreite einer Aktie. Spricht man von einer hohen Volatilität, meint man damit eine Aktie mit starken Kursausschlägen.

Wertpapierkennummer/WKN
Jedes Wertpapier hat eine Wertpapierkennummer. Dadurch sind die Papiere eindeutig identifizierbar. Verwechslungen werden ausgeschlossen. Anleger sollten bei jedem Kauf oder Verkauf neben dem Namen des Papiers auch die WKN angeben.

GUTSCHEIN

Liebe Leserinnen und Leser,

wenn Sie uns diese Seite durchfaxen oder in einen Briefumschlag stecken, dann schicken wir Ihnen kostenlos die neueste Ausgabe von BÖRSE-AKTUELL, dem Informationsdienst des Stuttgarter Aktien-Clubs, sowie eine aktuelle Aufstellung unserer derzeit besten Anlageempfehlungen.

Stuttgarter Aktien-Club e. V.
Martinstraße 4

73728 Esslingen

Tel. 07 11–35 47 11
Fax 07 11–35 92 06

Name

Straße

PLZ Ort

Finanz- und Anlagestrategien

Viele Frauen fühlen sich bei einer Anlageberatung von den Banken und deren Mitarbeitern nicht ernst genommen. Zudem gilt das Thema Geldanlage immer noch als Männersache. Die Autorin erklärt in diesem Buch, was die Frau von heute im Umgang mit Geld beachten sollte und welche Fehler sie vermeiden kann.

Silvia Galda
Wie Frauen mehr aus ihrem Geld machen
Finanz- und Anlagestrategien
256 Seiten
Ullstein Taschenbuch 35702

Ullstein Taschenbuch